中国校本教研与校本课程数字出版平台
中国校本教研网 www.schooledu.com.cn
◎特别推荐◎

科技部教育部『中小学科学探究学习与创新人才培养机制实验研究』项目研究成果

创新人才培养

地理探究活动开发与指导

张建珍 陈澄 夏志芳◎主编

组编单位 科技部教育部『中小学科学探究学习与创新人才培养机制实验研究』项目组

江蘇教育出版社

图书在版编目（CIP）数据

创新人才培养：地理探究活动开发与指导 / 张建珍，陈澄，夏志芳主编. —南京：江苏教育出版社，2013.1

ISBN 978-7-5499-2525-4

Ⅰ. ①地… Ⅱ. ①陈… ②张… ③夏… Ⅲ. ①中学地理课—教学研究 Ⅳ. ① G633. 552

中国版本图书馆 CIP 数据核字（2012）第 292745 号

书　　名	创新人才培养：地理探究活动开发与指导
主　　编	张建珍　陈　澄　夏志芳
责任编辑	午新生　陈　龙
出版发行	凤凰出版传媒股份有限公司
	江苏教育出版社（南京市湖南路 1 号 A 楼　邮编 210009）
苏教网址	http://www.1088.com.cn
照　　排	吕　龙
印　　刷	九洲财鑫印刷有限公司
厂　　址	河北省三河市灵山大口
开　　本	787 毫米 ×1092 毫米 1/16
印　　张	16
字　　数	194 千字
版　　次	2013 年 1 月第 1 版　2013 年 1 月第 1 次印刷
书　　号	ISBN 978-7-5499-2525-4
定　　价	30.00 元
网店地址	http://jsfhjy.taobao.com/
邮购电话	025-85406265，85400774　短信　02585420909
E - mail	jsep@vip.163.com
盗版举报	025-83658579

《创新人才培养系列》

编委会名单

序　言

在中国，人们对创新人才的期盼，从来没有像今天这样强烈。1999年，《中共中央国务院关于深化教育改革全面推进素质教育的决定》（中发〔1999〕9号）中就指出要转变教育观念，改革人才培养模式，积极实行启发式和讨论式教学，激发学生独立思考和创新的意识，切实提高教学质量，培养学生的科学精神和创新思维习惯。2001年，《国务院关于基础教育改革与发展的决定》（国发〔2001〕21号）及教育部颁布的《基础教育课程改革纲要（试行）》（教基〔2001〕17号）中，都进一步强调要重视培养学生的创新精神和实践能力，为学生的全面发展和终身发展奠定基础。

在《国家中长期教育改革和发展规划纲要（2010—2020年）》中，对“创新人才培养”论述更加深刻、全面。该文件指出，创新人才培养是一个系统工程，要努力发挥各学段、各环节、各要素在创新人才培养方面的积极作用；要做好小学、中学、大学有机衔接，教学、科研、实践紧密结合，学校、家庭、社会密切配合；大力推进教育教学改革，探索多种培养方式。

为贯彻中共中央、国务院关于创新人才培养的重要指示与精神，从2009年起，我们积极承担了科技部“创新方法工作专项”中的重要课题“中小学科学探究学习与创新人才培养机制实验研究”（项目编号：2009IM010300），并成立了“中小学科学探究学习与创新人才培养机制实验研究”项目组，着重探索、研究在基础教育领域推进科学探究学习与创新人才培养的工作机制与模式。

在科技部条件财务司、教育部基础教育二司和21世纪议程管理中心的指导下，我们遴选当前基础教育领域的知名专家成立了项目专家指导工作组，并在全国建立起三大实验区和125所项目试点学校。经过近三年的研究、实践，该项目带动了试点校整体办学水平的提高，特别是促进了基于学科的科学探究活动的广泛开展和推广。各试点校呈现出中小学生主动参与科学探究活动，学习兴趣浓厚，积极思考、乐于交流的良好风气，有力地促进了中小学生的自主与个性发展，培养了他们积极健康的科学态度和科学精神。而且，很多学校还形成了有代表性的人才培养模式。

为更好地传播、推广项目研究成果，使更多中小学校师生受益，我们选编了部分项目研究成果，希望在更大范围内深入推进我国中小学校的科学探究学习与创新人才培养工作。

中小学科学探究学习与创新人才培养机制实验研究项目组

2012年12月6日

目 录

CONTENTS

认识篇　地理科学探究学习的问与答 / 1

一、什么是地理科学探究学习？ / 3
二、为什么要进行地理科学探究学习？ / 8
三、地理科学探究学习的目标是什么？ / 12
四、地理科学探究学习的主题从何而来？ / 13
五、如何选择地理科学探究学习的主题？ / 17
六、如何为地理科学探究学习设置社会情境？/ 24
七、地理科学探究学习活动的设计包括哪些环节或要素？/ 26
八、地理科学探究学习活动培养的探究技能有哪些？ / 35
九、地理科学探究学习活动有哪些类型？ / 40
十、如何设计地理科学探究学习活动？ / 45
十一、能为我国初、高中开展地理科学探究学习活动提供建议主题吗？ / 50

实践篇（上）“地球与地图”探究案例 / 53

设计案例 1　巧用地理学史，加深学生对科学本质的理解 / 55
——探究之探究：从地“方”到地“圆”
设计案例 2　合理设计先导实验，为科学猜想助力 / 61
——地转偏向力真的存在吗？
设计案例 3　巧用比较，于日常生活中发掘探究主题 / 64
——农历设置闰年的意义

设计案例 4　灵活利用校园环境，培养学生制图技能 / 68
——平面图的设计
实施案例 1　基于真实生活情境，提升生活探究能力 / 72
——地图的运用
实施案例 2　动手操作，探究过程注重体验 / 77
——如何在地图上量算两地之间的距离
实施案例 3　化抽象为具象，以任务驱动探究 / 82
——利用地形图探究地表形态
实施案例 4　突出地理学科特点，尊重学生主体地位 / 86
——通过卫星云图识读天气状况
实施案例 5　转变教师角色，促进学生学会学习 / 91
——运用地图探究地理环境地域分异规律
实施案例 6　挖掘地理学史资源，促进学生对科学探究的理解 / 98
——全球构造理论“三级跳”

实践篇（中）“自然地理”探究案例 / 107

设计案例 1　开展网络探究，提高学生的网络利用能力 / 109
——地震带的分布
设计案例 2　巧妙设计探究活动，帮助学生突破难点 / 111
——风力侵蚀的作用及其塑造的地貌形态
设计案例 3　重视模拟实验，培养学生的动手操作能力 / 114
——心滩的发育过程
设计案例 4　合理设计实验、培养学生良好的地理思维 / 117
——影响土壤侵蚀作用的自然因素
设计案例 5　搭建支架，引导学生自主设计实验 / 121
——影响土壤湿度的因素
设计案例 6　巧用生活主题，充分发挥学生的想象力 / 124
——了解天气符号，看懂天气预报

设计案例 7　结合实际景观，提高学生的读图效率 / 127
——我国气温的分布
设计案例 8　合理利用探究活动，引导学生掌握重点 / 130
——海陆分布对气温的影响
设计案例 9　理性选择探究主题，提高学生的环保意识 / 133
——导致城市“热岛效应”的因素
设计案例 10　合理设计实验环节，培养学生的探究能力 / 136
——我国气候的主要特征及其影响因素
设计案例 11　正确操作实验步骤，培养学生正确的科学态度 / 139
——大气能见度的测定
设计案例 12　紧密联系教学目标，提高学生问题分析能力 / 143
——近地面大气的主要直接热源
设计案例 13　把握探究重点，培养学生的数据分析能力 / 147
——影响大气温度垂直变化的因素
设计案例 14　紧密结合探究任务，培养学生的实验操作能力 / 151
——影响局部地区小气候的因素
设计案例 15　科学设计探究活动，引导学生透过现象抓住本质 / 155
——城市暴雨内涝的水循环变化的探索
设计案例 16　运用角色扮演法，唤醒学生的主体意识 / 158
——我国水资源的现状及利用
实施案例 1　加强“提问”环节设计，鼓励学生从学“答”走向学“问” / 161
——地震
实施案例 2　紧扣重难点，引导学生自主探究 / 168
——“河流地貌的发育”探究性实验
实施案例 3　深入自然大胆尝试，让地理教育走向“田野” / 173
——到大自然中去探究“河流地貌的发育”
实施案例 4　精心设计问题，激发学生的探究欲望 / 181
——美丽的石头能说话

实施案例 5　利用多种教学手段，深入挖掘地理学史 / 186
——海陆的变迁
实施案例 6　结合生活情境，培养学生的创新思维 / 192
——自然界中的水循环
实施案例 7　以问题为起点，培养学生的设计与表达能力 / 197
——地表水下渗能力与地表状况
实施案例 8　综合运用多种探究形式，促进学生掌握地理思维方式 / 202
——影响河、湖水量的因素
实施案例 9　以“错”促教，鼓励学生大胆探索 / 208
——涌升流的成因

实践篇（下）“区域地理”探究案例 / 213

设计案例 1　赋予学生现实角色，激发其探究热情 / 215
——澳大利亚牧羊业与气候、地形关系的探究
设计案例 2　合理设置探究步骤，培养学生筛选信息的能力 / 217
——走进中东
设计案例 3　合理进行分组，培养学生的团队合作精神 / 220
——长江的开发
实施案例 1　利用地理 3S 技术，培养学生的探究能力 / 224
——利用 Google Earth 学习“长江河流地貌”
实施案例 2　尝试沙盘教学，促进学生形成“心理地图” / 229
——新疆
实施案例 3　师生互动步步深入，提升学生的综合分析能力 / 234
——甘肃民勤沙漠化的成因探究

后　记 / 243

认识篇

地理科学探究学习的问与答

新课程实施10年来，对于地理科学探究学习，广大教师从刚开始接触时的新鲜与兴奋，到教学实践中的迷茫与困惑，出现了对地理科学探究学习的“泛化”（即将课堂中有学生参与讨论等环节的教学都称为地理科学探究学习）和“神化”（即认为地理科学探究神秘而不可接近，是少数教师和学生的专利）两种认识误区。针对中学地理教师在实施地理科学探究学习中的诸多疑惑，“认识篇”部分甄选出中学地理教师普遍感到较为困惑的问题，并以问答的方式进行解答，以期使教师形成对地理科学探究学习的正确认识。

一、什么是地理科学探究学习?

(一)地理科学探究学习的内涵

地理科学探究学习是指以促进学生对地理科学知识的理解以及对地理科学探究技能的掌握和加深对地理科学的理解为目的,以一定的问题为导向,根据已有的知识、技能和经验,在教师指导下经历提出问题、猜想假设、制订计划、分析论证、得出结论、反思评估和表达交流等探究要素中的一个或几个要素,运用地理科学方法体验地理研究过程,尝试解决地理科学问题,由高度科学思维参与的各种学习活动。

(二)地理科学探究学习的基本特征

1. 基于问题

地理科学探究学习关注问题情境的创设。科学问题是开展科学探究学习的前提和出发点,提出具有探究价值和科学意义的问题是开展科学探究学习的关键,没有问题就没有真正意义上的科学探究。

2. 以学生自主探究为主

科学探究学习是在教师指导下,以学生为主体的学习活动。教师主要起引导和组织作用,而学生的自主活动则贯穿科学探究学习活动的全过程。

3. 依赖于科学思维

科学探究学习活动依赖于科学的思维方式和研究方法,所以培养学生良好的思维品质是科学探究学习的重要任务。

4. 重在体验过程

科学探究学习可以让学生经历思维活动和实践活动的过程,从而获得切身感受。这能加深学生对科学知识的理解,激发学生的学习兴趣,使其具备科学精神,提高科学探究能力。

（三）地理科学探究学习的相关概念

地理科学探究学习活动是一项较为复杂的学习活动，它内在地包含了探究学习所依赖的知识内容（本书称之为探究主题）、探究活动类型、探究要素、探究技能、探究水平等。目前广大中学地理教师较为关注探究主题和探究活动类型，而探究要素、探究技能和探究水平等由于表现得较为“隐性”往往容易被忽视。我们认为探究要素、探究技能、探究水平对地理科学探究学习活动的设计尤为重要，并呼吁广大教师在设计地理科学探究学习活动时加以重视。

1. 探究要素

科学探究学习主要含有“问题”“证据”及“解释”等核心要素，为了便于教学，人们常将其细化为若干具体环节或要素。由于分类程度不同，对科学探究要素的划分也略有不同，教育部 2011 年颁布的《中小学科学探究学习实施指南（试行稿）》将科学探究细化为以下基本要素，即提出问题、猜想假设、制订计划、收集证据、分析论证、反思评估及表达交流。根据是否完整地包含上述七大要素，可将地理科学探究学习活动分为完全探究活动和部分探究活动。完全探究活动和部分探究活动都属于地理科学探究活动，二者对学生科学探究能力的培养各有其独特作用。完全探究有助于学生体验完整的科学探究学习过程，但所需时间较长；而部分探究则有助于学生对某个探究要素的深入理解，所需时间较短。教师要根据实际需要选择和合理搭配这两种探究学习活动。

2. 探究技能

科学探究技能是指在科学探究过程中所用到的各种心智技能和动作技能。国际相关的研究机构和学者对科学探究技能进行了深入的研究，并从不同的角度对其进行了分类，如美国科学促进会、美国国家研究理事会以及桑德、特罗布雷奇、帕迪拉、查尔斯沃斯和林德等。

在综合参考上述研究的基础上，本研究建构了科学探究技能体系并对其进行了解释，以期使中学教师更好地理解科学探究技能。（见表 1，转下页）

表 1　科学探究技能分类体系及其解释

一级技能分类	二级技能	对该技能的解释
基础技能	观察	观察是一项使用意识，运用五种感官（视、听、触、嗅、味）去探查物体和事件的特点、性质、相异和相似之处以及变化情况的技能。此外，它还包括使用仪器拓展视野的技能。
	记录	记录是把所见所闻通过一定的手段保留下来，并作为信息传递开去的一种探究技能。要注意使记录工具的使用、记录的内容和方法更有利于后续的探究。
	测量	测量即通过比较已知的量（如度量单位、时间、学生自定的参照物等）来测定未知数据的一种探究技能。 1. 量化观察需要运用适当的测量仪器和观测技巧。 2. 测量记录必须有条理、有秩序，必须使用规范的测量单位。 3. 对图形、表格的绘制，可手工进行或借助电脑软件进行。
	分类	分类即根据物体或事件在性质方面的异同进行分组或排序。分类时需要列出清单或者表格、线图。
	推断	推断即根据事实或已知的前提进行推理，以判断事实的因果关系。要注意的是，一种观测现象可能不止一种推断或解释。
	预测	预测不同于臆测，它是基于当前的认识和理解，以及观察和推论而推想预期结果的过程。预测时应书面记录或口头说明，以澄清思路，揭示错误概念。
	交流	交流即用书面或口头的形式，运用图表、证明等方式与他人交流信息和思想。为了揭示科学的实质，必须分享所得。
	使用仪器 / 仪器保管	使用仪器 / 仪器保管即了解各种仪器装置的功能与局限，合理选择与使用仪器完成不同探究任务的技能，并在使用仪器的过程中防止危险，使用完毕后要妥善保管仪器。
	收集资料	收集资料即能够根据一定的探究主题，确定收集资料的范围、途径，并围绕该主题将零散的资料按照一定的逻辑体系加以整理。
	调查	调查即通过一定的手段和方式来了解或者熟悉探究对象的状况。
	比较	比较即辨别事物的属性异同或程度、层次高低等。
	评价	评价即通过详细的研究和评估，确定探究对象的意义、价值或者状态。
	收集 / 处理证据	收集 / 处理证据即掌握收集证据的方法，然后对已收集到的证据进行处理，如剔除虚假证据、突出核心证据等。证据是证明事实（或理论）的依据，它包括科学解释所依赖的观察结果和数据等。
	分析	分析是通过检查探究活动的各个部分，以澄清信息以及这些信息所包含的关系的技能。

（续表）

一级技能分类	二级技能	对该技能的解释
综合技能	解释	解释即在观察的基础上进行思考，合理地说明事物变化的原因、事物之间的联系或者事物发展规律的过程。所谓科学的解释，就是把现有的科学知识和来自观察、实验或模型的新证据组合成具有内在一致性的符合逻辑的说明。
	定义	定义即明确要做什么和观察什么，并运用自己的语言进行描述。
	确定问题	确定问题包括提出问题和界定问题。提出问题即通过观察等方式提出值得探究的问题。有效的问题集中关注探究的重点。对问题的范围和性质进行界定和澄清叫作界定问题。
	假设	假设是基于证据而作出的猜测。假设的正确与否可以通过实验加以检验。
	计划	计划即设计问题解决途径的总体方案，包括探究设备的选用和测量方法的确定等。
	确定和控制变量	确定和控制变量即变化一个因子，同时使其他因子保持不变，探究该因子对事件结果的影响。
	实验	实验即自己设计实验方案，按照实验程序取得可靠数据去验证假设的过程。
	建立模型	建立模型即构建心智的、语言的或物质的模型，来表征思想、物质或事件，以澄清假设或说明关系。 1. 建立模型有助于澄清假设。 2. 模型是与真实物体、单一事件或一类事件对应的具有解释力的试探性体系或结构。它可以帮助研究者了解事物的运作方式。

3. 探究水平

探究水平是指探究活动所达到的水准。判断某一项科学探究学习活动水平的高低的主要依据是教材及教师的指导程度，按此标准可将探究活动分为由高度结构化向高度开放性逐步发展的不同水平。教材或教师的指导程度越低，学生的自主性越强，则探究水平越高。

最早对科学探究水平进行研究的是课程理论专家施瓦布。他提出课堂教学存在不同类型的探究，并将实验室科学探究水平分为三种差异显著的特征水平（如表 2 所示，见下页）。由表 2 可知，从水平 1 到水平 3，学生探究的自主性逐渐提高，教材的指导性逐渐下降，学生的探究水平也随之逐渐提高。

表 2　施瓦布的科学探究水平分类

探究水平	提出问题	设计研究方法	得出结论
水平 1	实验手册（教材）	实验手册（教材）	学生
水平 2	实验手册（教材）	学生	学生
水平 3	学生	学生	学生

1971 年，赫伦在施瓦布的实验室探究三水平的基础上，增加了 0 水平探究，其各水平的探究特征见表 3。赫伦的四水平探究分类也是目前应用最广的分类体系。

表 3　赫伦的探究水平分类

探究水平	提出问题	设计研究方法	得出答案（结论）
水平 0	实验手册（教材）	实验手册（教材）	实验手册（教材）
水平 1	实验手册（教材）	实验手册（教材）	学生
水平 2	实验手册（教材）	学生	学生
水平 3	学生	学生	学生

美国国家研究理事会（NRC）2000 年组织编写出版的科学探究专著，不仅对科学探究式学习活动进行了概括，而且对每一类活动中学生自主探究的程度进行了划分和描述。（见表 4）

表 4　课堂探究的基本特征和不同程度

基本特征	探究的不同程度（由高到低）			
1. 问题：学习者探究科学性问题	学习者自己提出问题	学习者从所提供的问题中选择，并据此提出新问题	学习者探究的问题来自教师、学习材料或其他途径，但问题并不直观，需要有所变化或深度理解	学习者探究直接来自教师、学习材料或其他途径的问题
2. 证据：学习者针对问题收集证据	学习者自己确定什么可作为证据，并进行收集	学习者在他人的指导下收集某些数据	数据直接给出，学习者进行分析	数据和分析方法已知
3. 解释：学习者从证据出发作出解释	学习者总结证据之后作出解释	学习者在得到指导的情况下收集证据并作出解释	已知使用证据作出解释的途径	证据已知

（续表）

基本特征	探究的不同程度（由高到低）			
4. 评价：学习者使解释与科学知识相联系	学习者独立考察其他事实来源，建立事实与已有解释的联系	学习者被引导到科学知识的领域和来源	可能的联系被给出	
5. 发表：学习者阐述和论证自己的解释	学习者用合理的、合乎逻辑的论据表达自己的解释	学习者在阐述解释的过程中得到他人指导	学习者阐述解释的过程得到了广泛的指导	表达的步骤和程序都已给出
大← 学习者自主探究的程度 →小 小← 教师和学习材料指导的程度 →大				

2005 年，Gallison 将科学探究分为 0 ～ 3 水平四个水平（见表 5），这四个水平由低到高分别对应了控制性探究、引导性探究、模拟性探究和自主性探究。

表 5 Gallison 的探究水平分类体系（2005）

主 体		要 素		
		提出问题	设计方案	得出结论
水 平	水平 0（控制性探究）	教师 / 教材	教师 / 教材	教师 / 教材
	水平 1（引导性探究）	教师 / 教材	学生	教师 / 教材
	水平 2（模拟性探究）	学生 / 教师	学生 / 教师	学生 / 教师
	水平 3（自主性探究）	学生	学生	学生

二、为什么要进行地理科学探究学习?

2009 年 10 月 31 日，钱学森在北京逝世。2009 年 11 月 11 日，《新安晚报》刊发了安徽高校 11 位教授给教育部袁贵仁部长及全国教育界的一封公开信《让我们直面“钱学森之问”》。一时间，“钱学森之问”成为舆论的焦点，更成为每一位教育工作者都在思考的话题。这位杰出的科学家在迟暮之年，不止一次地对前来探望的国家领导人发问：“为什么我们的学校总是培养不出杰出人才？”这体现了他对中国教育的深深忧虑。“钱学森之问”是关于我国教育事业发展的一道艰深命题，引起了教育界关于如何培养创新型人才的反思与讨论。

无独有偶，英国人李约瑟[1]也曾经提出过类似的疑问：“为什么近代自然科学起源于西欧，而不是中国或其他文明？”这就是“李约瑟之谜”。它提出了一个悖论：“为什么古代中国人发明了指南针、火药、造纸术和印刷术，工业革命却没有发端于中国？而哥伦布、麦哲伦正是依靠指南针发现了世界，用火药打开了中国的大门，用造纸术和印刷术传播了欧洲文明！”[2]

“钱学森之问”和“李约瑟之谜”值得我们深思，同时也折射出在这个时代我国对创新型人才的渴求。随着知识经济时代的到来，国际竞争进一步转化为人才的竞争。因此，当今各国都非常重视基础教育阶段对创新型人才的培养，而科学探究学习被认为是一种有效的培养手段。

（一）国外地理科学探究学习：共识与潮流

地理教育随着地理学科的发展几经沉浮。20 世纪 90 年代以来，地理教育的发展进入复兴时期，特别是在美英等发达国家，地理教育的价值被重新发现。1992 年国际地理教育联合会颁布的《地理教育国际宪章》，提出了“以问题为方向的专题学习课程”等概念，并且强调“不论选择哪个方向，学习地理应鼓励学生进行质疑和探究”[3]。

20 世纪 90 年代美国颁布的《生活化的地理学：国家地理标准》，十分重视地理科学探究技能的培养，并将其分为提出地理问题、获取地理信息、整合地理信息、分析地理信息、回答地理问题等技能。

在英国，地理科学探究学习同样被置于重要的位置。英国国家地理学会在 2010 年发表的《一种不同的视角——地理学会声明》文本中着重强调了“调查和探索地理”，并指出“英国地理学会相信在地理探究中，学生是积极的参与者和调查者而不仅仅是知识的接受者”“地理是一门典型的‘发现’学科”。在英国，KS3（地理为单独的一门科目）和 KS4（地理与其他科目合科）阶段的地理课程标准，都将地理调查和探究置于重要的位置。

澳大利亚新南威尔士州阶段 6（相当于我国高中阶段）的地理课程标准，将

[1] 李约瑟（1900 ~ 1995），英国近代生物化学家和科学技术史专家，其所著《中国科学技术史》对中西文化交流影响深远。
[2] 刘道玉 . 创造：中国一流大学之魂 [M]. 武汉：武汉大学出版社，2009：350.
[3] 国际地理联合会地理教育委员会 . 地理教育国际宪章 [J]. 地理学报，1993（4）：289-295.

地理调查作为最重要的学习内容，强调基于本土的调查研究。

加拿大安大略省的 7 ～ 12 年级的地理课程标准，将地理调查和探究作为与自然地理和人文地理并列的学习主题。

（二）国内地理科学探究学习：变革与困境

此次新课程改革强调学习方式的变革，不管是在义务教育阶段还是在高中阶段，新地理课程标准都极为强调科学探究学习的重要性。然而，对于地理科学探究学习，相当一部分地理教师从刚开始接触时的新鲜与兴奋，到教学实施时的困惑与迷茫，产生了对地理科学探究学习的“泛化”（即将课堂中有学生参与讨论的环节的教学都称为地理科学探究学习）和“神化”（即认为地理科学探究学习难度太大，是少数教师和学生的专利）两种认识误区。

为了进一步深入了解我国中学地理实施科学探究教学的情况，我们于 2011 年进行了初中和高中地理教师的抽样调查，该调查从中学地理教师实施科学探究学习的现状、中学地理科学探究学习的形式和策略、中学地理教师对教科书中地理科学探究学习活动的评价等方面揭示了如下现象。

1. 在地理科学探究学习的实施现状方面

调查显示，科学探究学习仍未成为中学地理教学的常态；经常采用地理科学探究学习方式的教师比例较低；大部分教师对自己组织实施的地理科学探究学习活动的满意度不高，认为地理科学探究学习活动实施的主要障碍为课时较紧、学校缺乏相关的器材、教科书内容不适合进行探究、考试的压力、学生自身能力的缺乏等。上述结果表明，尽管此次新课程改革极力倡导科学探究学习方式，但与之形成鲜明对比的是，地理科学探究学习并未成为教学的常态，相当一部分教师甚至从未在教学中实施过地理科学探究学习。而在主观上，相当一部分地理教师有推进地理科学探究学习的愿望。有些教师提出的在实施地理科学探究学习活动时遇到的障碍，为我们进一步推进地理科学探究学习提供了思路，即要在课时、课程资源、评价方式、培训等方面予以保障。

2. 在实施地理科学探究学习的形式和策略方面

教育部 2011 年颁布的《中小学科学探究实施指南（试行稿）》将科学探究学

习细化为“提出问题”“猜想假设”“制定计划”“收集证据”“分析论证”“反思评估”和“表达交流”等七大要素。我们对中学地理教师对上述七大要素的认识进行了调查，研究发现，相当一部分中学地理教师对科学探究七大要素重要性的认识存在一定的片面性，如较重视“提出问题”“收集证据”“分析论证”“表达交流”等要素，而忽视了对“猜想假设”“制订计划”“反思评价”等要素的关注。教师实施科学探究学习活动时，涉及 3 ～ 6 个探究要素的比例较大，而涉及 1 ～ 2 个或 7 个要素的探究活动比例极小。其原因，一是我国教师对各探究要素尚缺乏深入的分析和思考，无法较好地设计专注于 1 ～ 2 个探究要素的探究活动；二是涉及 7 个探究要素的完全探究所需的教学时间过长，不适用于我国当前的地理课时安排。事实上，涉及 7 个要素的完全探究有助于学生体验完整的探究过程，而只涉及 1 ～ 2 个要素的探究活动则有助于对某个探究要素进行深入分析与掌握。因此，在地理科学探究学习活动中，要注意完全探究与部分探究的不同功能，兼顾各种探究要素。

在指导探究学习的形式方面，我国中学地理教师对引导型探究的倾向性很明显，完全控制型的探究和开放型的探究所占的比例较小。控制型的探究较有助于学生探究技能的习得，而开放型的探究较有助于学生对知识的深入理解。我国中学地理教师过分倾向于引导型探究的现状启发我们，应该使教师指导探究学习的形式更加多样化，以求全面提高学生的探究能力。

3. 教师对教科书中的地理科学探究学习活动的评价方面

教科书是当前中学地理教师开展地理科学探究学习活动的主要来源。据调查，超过半数的初中地理教师认为教科书中的地理科学探究学习活动安排得过少；教科书在地理科学探究学习活动设计的合理性、激发学生的学习兴趣、实施的难易程度、学生地理素养的形成等方面，初、高中地理教师的评价一般，正面的评价比例不高。上述结论说明，教科书中地理科学探究学习活动的质量对中学地理教师组织、实施地理科学探究学习的质量影响很大，必须加强对中学地理教科书中地理科学探究学习活动设计的研究。

（三）一个时代的命题：指向创新型人才培养的地理科学探究学习

《国家中长期科学和技术发展规划纲要（2006 ～ 2020）》指出，科技人才是提高自主创新能力的关键所在，要创造良好的环境和条件，培养和凝聚各类科技人才特别是优秀拔尖人才，努力开创人才辈出、人尽其才、才尽其用的良好局面，努力建设一支与经济社会发展和国防建设相适应的规模宏大、结构合理的高素质科技人才队伍，为我国科学技术的发展提供充分的人才支撑和智力保证。2008 年，科技部、教育部等部委联合颁发的《关于加强创新方法工作的若干意见》要求，应建立有利于创新型人才培育的素质教育体系，实现由应试教育向素质教育的转变，培养一大批掌握科学思维、科学方法和科学工具的创新型人才，大幅提升国家核心竞争力。

2009 年，科技部、教育部联合发起重大研究课题“中小学科学探究学习与创新人才培养实验研究”，力图探索在中小学通过科学探究学习进行中小学生的创新精神和实践能力的培养途径。该课题组组织了物理、化学、生物、地理、科学等中小学相关学科的一批专家、学者，在全国组织了近 200 所实验学校，分别对各个学科如何实施和推进科学探究学习进行了深入的调查和研究。

地理学科是基础教育阶段唯一一个横跨自然科学领域和人文科学领域的学科，其具有综合性、区域性等特点，是培养学生科学素养的重要载体。因此，极有必要在我国进行地理科学探究学习的理论研究与实践推广。

三、地理科学探究学习的目标是什么?

美国的《国家科学教育标准》将科学探究学习的目标界定为科学知识的概念性理解、科学探究能力的掌握和对探究的理解。据此，本书认为地理科学探究学习的主要目标包括对地理科学知识的概念性理解、对地理科学探究能力的掌握和对地理科学探究的理解这三大独立却又密不可分的部分。

当前的科学观认为科学知识并不是放之四海而皆准的真理，构成各个学科的知识只是通过科学家的科学探究所获得的对世界相对完善的解释；科学知识并不是要学生去背诵的真理，而是用以让学生进行探究的载体。但是我们并不能因此而忽视或否认科学知识的重要性，科学知识是人们更好地认识世界、探索世界的基础。因此，对科学知识的概念性理解是地理科学探究学习的重要目标之一。

此外，科学探究能力的掌握是地理科学探究学习的另一个重要目标。地理学科能力是一个内涵丰富的概念，既包括学生动手操作等外显的能力，也包括认知、思维等内隐的能力，其中最典型的能力就是科学探究技能。

除此之外，对地理科学探究乃至科学探究的认识也是地理科学探究主题活动的重要目标。对科学探究的理解既包括科学知识是如何根据新发现的证据、逻辑分析以及经科学界争论得到修正的解释而改变的，还包括为什么会有这样的改变。

上述三大目标中的要素联系密切，地理科学知识是地理学科能力应用的重要载体；运用科学方法开展地理科学探究活动，对科学家而言可以更新地理科学知识，对学生而言可以完善地理科学知识；运用科学方法进行地理科学探究还可以加深学生对地理科学探究的理解，而对地理科学探究理解的加深，又能进一步促进其地理科学方法的创新和知识的完善与更新。同时，这三大要素又是独立的。例如，地理科学知识的增多并不一定会加深学生对地理科学探究的理解。在我国的地理学科教学中，长期存在一个误区，即认为学生地理科学知识的存量增加必然会使其加深对地理科学探究的理解，所以，我国的地理学科教育一直以来都比较重视学生对地理科学知识的掌握，而忽视了学生对地理科学探究及其本质的理解。

四、地理科学探究学习的主题从何而来?

（一）地理科学探究学习主题的类型

地理科学探究学习的主题，依照不同的标准可以划分为不同的类型。根据主题的来源，可以将地理科学探究学习的主题分为生活型主题和学科型主题。生活型主题来源于生活中的现象，如“为什么北方的房屋建筑间距比南方的大”，而学科型主题是指直接从学科问题出发而形成的探究主题，如“土壤和水如何吸收和释放热量”。值得一提的是，这两类探究主题虽然从问题的来源来看截然不同，但是生活型主题若要成为学生可探究的问题，必然需要经过一番转化，变成学科型主题，才有探究的价值。

根据探究主题的目标指向，可以将地理科学探究学习的主题分为地理学科知识型主题、地理科学方法型主题、元科学型主题。地理学科知识型主题的目标主要在于完善学生的地理学科知识体系，加深学生对地理科学概念、原理、规律的理解；地理科学方法型主题的目标主要在于促进学生对科学方法的理解和掌握；元科学型主题的目标主要在于加深学生对科学探究本身的理解。

根据探究的结果，可以将地理科学探究学习的主题分为事实型主题、概念型主题、规律型主题和建构理论型主题。事实型主题的探究结果是发现地理事实，概念型主题的探究结果是提出和形成地理科学概念，规律型主题的探究结果是发现地理规律，建构理论型主题的探究结果是建构理论或模型。

根据探究主题所涉及的学科领域的大小，还可将地理科学探究学习的主题分为跨学科主题、跨方向主题和单一性主题。跨学科主题所对应的学科领域范围最大，其所需要的知识或概念体系、方法等超越了地理学科，需要与其他学科联系和合作方能解决问题。此类主题有助于改变长期以来基础教育过于强调学科界限的弊端，引起越来越多教师的关注。跨方向主题所需的知识跨越了地理学科的水文、地貌、气象等领域。单一性主题所需的知识限于地理学科的特定领域，如水文、地貌、气象等。

（二）地理科学探究学习主题的来源

地理科学探究学习主题，概括而言，大致有以下五个来源（见图 1）。

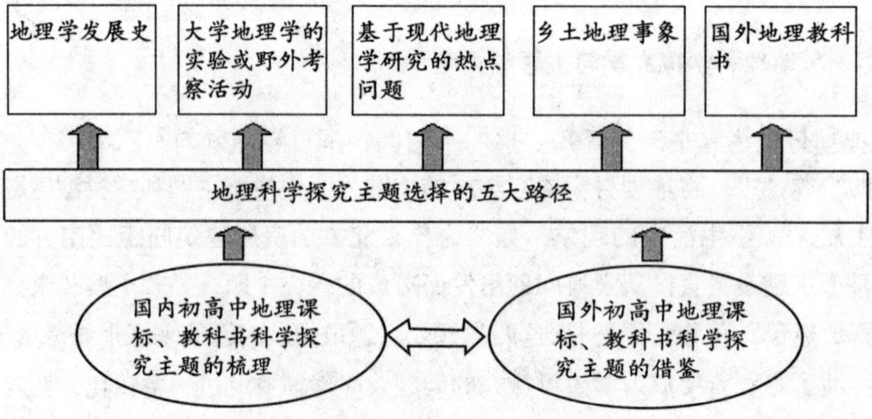

图 1　地理科学探究主题开发路径

1. 地理学发展史

从地理学发展史的角度来设计地理科学探究主题，目的是利用地理学发展史中的人物或事件，并通过梳理、组织材料呈现历史上地理学家如何通过科学探究推动地理科学的发展，让学生对这些地理学家的探究展开探究，从而促进其对科学探究本质的理解。例如，呈现“大陆漂移说”的提出和持不同观点的科学家之间相互质疑的过程，让学生思考、体会科学家如何提出猜想、假设，通过什么方式来验证自己的猜想、假设，如何论证自己的观点，从而加深学生对科学探究本质的理解。

2. 大学地理学的实验或野外考察活动

大专院校的相关学科或者专业一般都设计有许多实验或野外考察活动，这些活动将给中学地理科学探究主题的设计提供许多参考和启发。

在获取大专院校的相关实验或野外探究活动专题之后，中学地理科学探究的设计者要对之进行适当的改编，使其符合中学生的认知特点。改编主要考虑以下几个方面：一是给予一些铺垫、改造，降低难度。二是降低对实验设备的要求。高校一般拥有较好的实验室条件和实验设备，许多中学则不具备，设计者可以适当降低实验设备的要求。通过寻找、设计可替代的实验仪器设备，同样能达到探究的目的。三是加强科学探究的情境设置。根据中学生的认知特点，设计者要考虑如何更有效地激发学生的探究热情和兴趣，如可通过结合时事新闻、生活情境等途径导入问题。

3. 国外地理教科书

西方发达国家对科学探究学习研究和实践的历史比我国长，因此其地理教科书中一般都有大量的可供地理科学探究学习的主题。在我国当前课程改革极为强调科学探究学习的背景下，许多出版社纷纷出版了国外的教科书，以供中学教师或其他教科研工作者参考与借鉴。目前已出版的美国的与地理相关的高中教材主要有科学发现者丛书（美国 McGraw-Hill 公司出版，中文版由浙江教育出版社 2008 年出版）中的《地质学、环境与宇宙》上、中、下三册。初中教材有科学探索者丛书（美国 PearsonEducation 出版，中文版由浙江教育出版社 2010 年出版）中的《地球上的水》《天文学》《环境科学》《地球内部》《地表的演变》《天气与气候》；地球科学（美国 McGraw-Hill 公司出版，中文版由浙江出版联合集团、浙江科学技术出版社 2011 年出版）分《地球的构成》《变化的地球》《人类的生存环境》《地球与宇宙》四册。

但是美国等发达国家的课程设置、学科知识学习的先后顺序安排、实验室条件等与我国相比有很大的差异，因此，在借鉴国外的地理科学探究的相关主题时，需要设计者根据实际情况对其进行一定的改造，以适用于我国的学生。

4. 基于现代地理学研究的热点问题

地理学是一门实践性很强的学科，与生活联系密切。地理科学探究主题设计者可从杂志、报纸、网络、电视或专题报告（如气候变化专题、野生动物保护专题、自然灾害专题等）中得到启发，来设计相应的地理科学探究主题。设计者还可以从一些地理学专业杂志中收集、整理相关的探究主题。

（1）从人们近期关注的热点地理问题出发设计地理科学探究主题时，要将这些地理热点问题转化为地理科学探究的问题。例如，某教师设计了一个取材于新闻的地理科学探究问题：为什么城区容易发生积水？（2011 年 6、7 月间，北京、南京等地城区暴雨引发大面积积水）这个问题是一个实际问题，需要教师或学生自主将其转化为地理科学探究的具体主题，如“地表水下渗与地表性质的关系”。当然这个过程可以是学生自主完成的（如图 2 中的情况 1），也可以是师生共同完成的（如图 2 中的情况 2），或者教师直接给出的（如图 2 中的情况 3）。具体采取哪种方式来完成这一提出地理科学探究主题的过程，是该次地理科学探究活动的水平高低的评判指标之一。从情况 3 到情况 1 地理科学探究的水平是逐渐提升的。

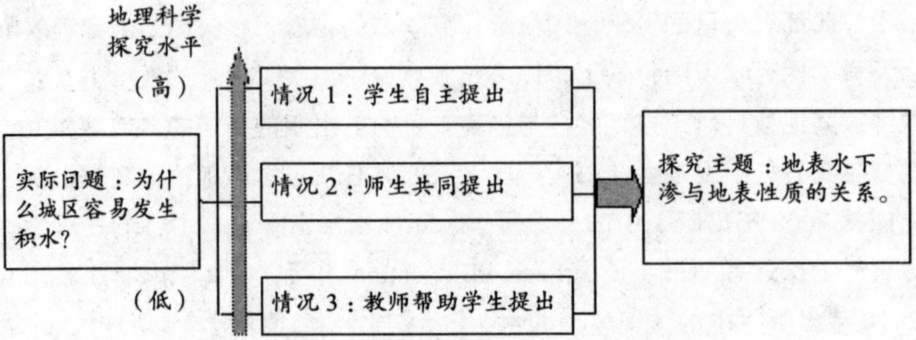

图 2　从实际问题到地理科学探究问题的三种情况

（2）从地理学等专业杂志收集、整理地理科学探究主题时，一要注意降低主题的难度，以适应中学生的认知发展水平和学科知识水平。二是可以采用不同的方式对从专业杂志中收集来的地理科学问题进行整理设计，一种方式是将某一篇文章所研究的地理科学问题直接作为学生科学探究的主题，适当降低问题的难度，这种方式的重点在于让学生围绕这个问题进行实验或调查，从而掌握地理科学方法；另一种方式是围绕某个主题，将围绕这个主题相关文章的观点和研究方法等进行有机整合，以形成可供中学生进行科学探究的主题。若要采取第二种方式，尤其要注意将现代地理学者的不同观点和分歧之处、方法的差异等展现给学生，以使学生了解地理科学知识并不是静止的真理，而是在科学家的争论、质疑中不断重构而形成的暂时性“法典”。

5. 乡土地理事象

各实验学校所处地理位置的差异、学生的差异等，为地理科学探究主题设计的丰富多样性提供了条件。

首先，各地的实际情况为地理科学探究主题的开发提供了素材来源。各地各校所处的地理环境、社会生活中发生的各种现象或问题都可以成为地理科学探究主题开发的原始素材。

其次，各地的实际情况为地理科学探究学习活动的实施提供了资源支撑。我们所开发的地理科学探究主题最终是为了能够将其作为地理科学探究学习活动的主题，而由于地理学科的特殊性，其研究对象为人地关系，许多研究并不能像化学、物理学科一样大部分在实验室完成，而是对当地环境的依赖性很大。这就说明在开发地理科学探究的主题前就要考虑到该主题在当地有没有一定的探究资源作为支撑。

五、如何选择地理科学探究学习的主题？

在地理科学探究学习活动的设计过程中，主题的选择是首先要考虑的问题。一个好的科学探究主题能激发学生的学习兴趣，从而使学生积极主动地投入到科学探究的过程中；一个好的科学探究主题能将零散的地理学科知识联系起来，形成坚实的学科概念网络；一个好的科学探究主题能将学习地理学科知识、掌握地理科学方法、促进对地理科学探究的理解等教学目标有机融合在一起，促成学生科学探究素养的提升；一个好的地理科学探究主题能使学生在科学探究的过程中体验到思维激发、碰撞的乐趣，从而引发一个又一个后续的探究主题。因此，在地理科学探究学习活动的设计过程中，要注意主题选择所必须把握的准绳。我们认为地理科学探究主题选择的依据为：以学生为本、教学目标、地理学科的特点、当地的实际情况。

（一）以学生为本

在课程设计的过程中，学生始终是最重要的因素，在选择地理科学探究主题时，尤其如此。因为只有当学生愿意将教科书上或者教师设计的地理科学探究主题转化为自己的探究问题，并且产生强烈的好奇心和探究欲望时，他们才算为地理科学探究做好了准备。

1. 探究主题应符合学生的认知规律

从性质上讲，探究主题内在地包含了地理学科知识、地理探究方法、对地理科学本质的理解三个方面。因此，所谓探究主题的选择应符合学生的认知规律是指主题所涵盖的学科知识、探究方法和对地理的理解上要符合学生的认知规律。

首先，根据这一要求，我们选择的应该是这样的主题：探究所需要的基本概念学生已经有所掌握，但是在面临教师所创设的问题情境时，学生仍然感到强烈的困惑，且通过回忆之前的知识无法解决问题，需要通过探索才能解决。

这里有两点值得注意：一是问题应建立在学生已有的经验之上，要适当超越但不能过度超越学生的现有知识水平。例如，既不能让初中阶段的学生去探究土壤性质对地表水下渗有何影响，原因是该问题远远超过我国初中学生的知识基础，在我国的地理知识课程序列中，初中生尚未接触土壤的相关知识；也不能让我国高三的学生去探究为什么江南 6 月多雨，因为该问题他们只需要通过回忆已学知识就能解决。探究活动所需的学科知识与学生的现有学科知识应存在这样的联系：学生已经具备了解决这个问题的一些基本概念，但是要解决这个问题还需要建构新的概念，或者需要增加新的经验。例如，在学生探究为什么市区气温比郊区高时，学生应该已经掌握气温、大气的热力环流等概念，否则安排这个探究问题对学生而言就太难，学生会因为解决这个问题存在较大的障碍而失去兴趣。

二是主题所需的思维能力水平应在学生的能力范围之内。不同主题对学生的思维能力水平的要求是不同的。

国际地理联合会地理教育委会员发表的《地理教育国际宪章》将地理问题概括为：它在哪里？它是什么样子的？它为什么在那里？它是什么时候发生的？它产生了什么作用？怎样使它有利于人类和自然环境？这六大问题也是地理科学探究问题的基本类型，从其对学生思维能力的要求来看，是逐渐加深的。笔者发现前三者更适合在初中阶段探究，而后三者更适合在高中阶段探究。

其次，主题所依赖的探究方法也要符合学生的认知规律，这一点尤其需要强调。我国地理教育界对地理课程中学科知识内在联系的研究较多，而且在地理教科书的编制过程中如何进行学科逻辑与学生逻辑之间的内在整合方面已有一定的研究成果，但是对地理探究方法与学生认知发展之间联系的研究仍是空白。实际上促进学生对地理科学探究方法的掌握也需遵循学生的认知规律，安排好其先后序列。

在这方面，美国的研究为我们提供了借鉴。由美国科学促进协会著的《科学素养的导航图》（该书为“2061 计划”丛书）清晰地阐释了从幼儿园到十二年级课程中科学认知步骤之间概念性的联系。该书对科学探索从“科学探索中的证据和推理”“科学调查”“科学理论”“避免科学偏见”等 4 个主题展开导航图的设计（图 3 摘录了其对“观察和证据”探究能力的发展）。这些围绕某一主题的导航图以图示的形式清晰地呈现了一种科学探究方法（或能力）对不同学龄段学生发展的作用，及相互之间的关系，为科学合理地编制课程、进行教学设计提供了依据。

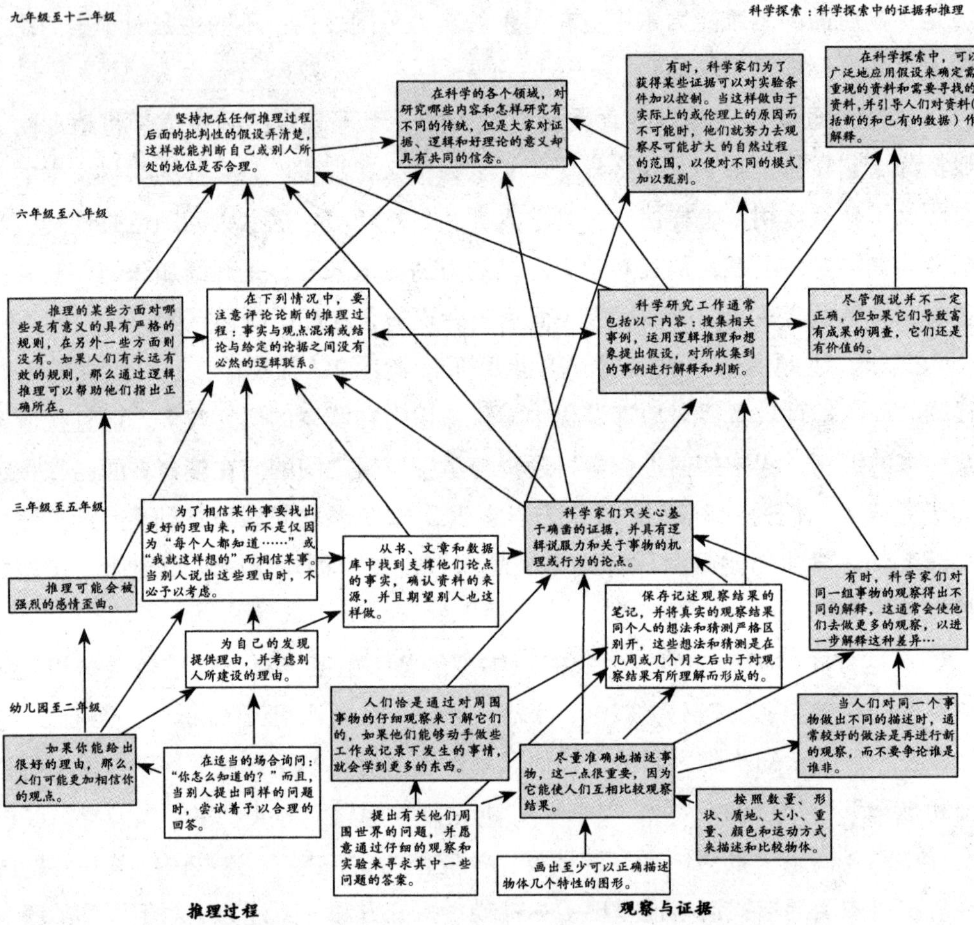

图3 "推理和观察、证据"科学探究技能的发展图

再次，加深学生对科学本质的理解也要符合学生的认知发展规律。学生对科学本质理解的深化是建立在学生的科学探究能力不断增强和科学概念体系的逐步建立和完善基础之上的。对科学本质的理解不是一蹴而就的，而是一个随着学生的认知发展不断深化的过程。例如，对于处于皮亚杰认知发展理论中的前运算阶段（2～7岁）的儿童，很难让他们理解"自然科学的许多规律在相同的情况下是可重复出现的"这一观念。

2. 探究主题应能激发学生的兴趣

兴趣是导向探究的必要条件，任何真正意义上的科学探究都始于兴趣。学生对问题感兴趣，才能将教科书或教师设计的探究主题转化为自己的问题进行探究。那怎样的探究主题能激发学生的兴趣呢？

首先是探究主题的难度要适当。奥苏伯尔的成就动机理论指出，学校情境中的成就动机包括三个方面的内驱力，即认知内驱力、自我提高内驱力和附属内驱力。认知内驱力即了解与理解知识、阐述与解决问题的需要。只有问题为学生现有的知识无法解决的时候，学生才会产生试图解决问题的需要，而过易的问题不易激发学生的认知内驱力；同时，适当的教育环境、成功的教育经验也可以提高学生的认知内驱力，因此过难的问题亦会由于学生无法解决而降低其认知内驱力。所以探究主题的设计要既对学生构成一定的挑战，又不至于过难，只有这样才能提高学生的学习兴趣。

其次是探究主题的语言表述要鲜活。源自学生生活实际、源自社会热点新闻的问题更能激发学生的探究兴趣，能够与学生的现有认识产生强烈认知冲突的问题更能激发学生的兴趣。因此，尽管让学生真正进行探究的是一些科学性的问题，如影响气温的因素有哪些、哪些因素导致气温的差异等，但能引发学生的学习兴趣，并更易将学生导入探究的却是一些生活中的问题，如为什么城区气温比郊区高。

（二）教学目标

科学教育的目标，一是让学生学习科学，获得关于科学概念和理论的知识；二是做科学，参与并提高科学探索技能及问题解决能力；三是让学生理解科学的本质及研究方法，了解科学发展史，知道科学与社会、技术、环境的复杂关系。美国的《国家科学教育标准》也将科学探究的目标分为三个方面，即促进学生对科学概念的理解、对科学方法的掌握以及对科学本质的理解。

在选择地理科学探究主题时要注意教学目标的三种取向，即知识理解取向、科学方法取向和元科学取向（对科学的理解）。如果是为了达到地理科学概念的理解，探究主题的选择要紧扣特定的科学概念；而如果是为了让学生掌握科学方法，则对选择怎样的科学知识的要求并不那么高，只要该主题符合学生的认知发展规律，能与该科学方法相结合即可。

（三）地理学科的特点

笔者采用的是华东师范大学陈大路博士的观点，他将地理学科的特点分解为研究对象的特点、研究内容的特点、研究方法的特点三个方面。

1. 地理学科研究对象的特点

从地理学科研究对象的特点来看，地理学具有综合性的特点。在世界科学体系中，各个学科之所以能够成立一门独立的科学，皆是由于其具有独特的研究对象。地理学科经过长期的历史发展，以人地关系作为自己的研究对象，这有别于其他如物理、生物、化学等将某一要素作为自己的研究对象的学科。“综合性的特点决定了地理学的性质是一个横断学科。它与研究地球表面某一个圈层或某一个圈层中部分要素的学科都有密切关系。”[1] 地理学科研究的是人地系统中这些要素如何相互关联、相互影响，从而构成一个统一的整体。在一般意义或原则上讲，我们不能够去追问构成这个主题的每一个具体部分或要素本身及过程，这是其他学科部门的事情。[2] 由于地理学科研究对象的复杂性，长期以来为了聚焦于对某类地理问题的研究，地理学科常被分为自然地理学和人文地理学，自然地理学主要以自然地理环境作为自己的研究对象，包括只受到人类间接或轻微影响，而原有自然面貌未发生明显变化的天然环境；人文地理学的研究对象则是长期受到人类直接影响而使原有自然面貌发生重大变化的人为环境（见图 4）。

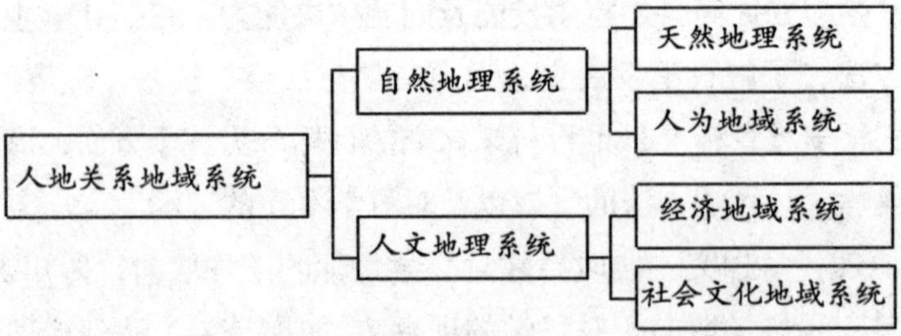

图 4　人地关系地域系统结构 [3]

地理学研究对象的综合性启示我们在选择地理科学探究主题时，要紧扣地理科学研究对象的特点，侧重选择那些能体现各地理要素之间相互关系和相互作

[1] 转引自陈大路．高中人文地理内容的选择 [D]. 华东师范大学博士论文，2006：112–113.
[2] 郑慧子．地理学的科学形象 [J]. 经济地理，1999（6）：124–128.
[3] 王孝本．论现代地理学的研究对象 [J]. 哈尔滨学院学报，2001（1）：122–125.

用的主题。

2. 地理学科研究内容的特点

研究对象的特点决定了地理学科研究内容具有明显的综合性、实践性和区域性特点。地理学科系统下有许多分支学科，如地质地貌学、水文学、气象气候学、土壤学等，涉及的研究内容非常广泛，但与这些分支学科的区别之处在于，地理学科研究各独立要素之间的联系和相互影响以及作为一个综合体的自然环境和人地系统。这也是地理学科研究内容综合性特点的表现。地理学科研究内容的实践性特点表现为地理学科研究与社会、生活联系密切，研究的问题多来自生产、生活实际，研究的成果也是为解决生产、生活的实际问题服务。地理科学的研究内容还具有明显的区域性。区域研究是地理学悠久而重要的传统，是体现自然地理和人文地理相结合的重要层次和有效途径。各个不同尺度的区域是地理学研究空间视角的体现和综合研究的载体。

地理学科研究内容的综合性决定了中学地理科学探究主题的丰富多样性；地理学科研究内容的实践性决定了中学地理科学探究主题多来源于生活实际；地理学科研究内容的区域性特点决定了中学地理科学探究主题一般与特定的地域环境密切相关，具有鲜明的地域特色。

3. 地理学科研究方法的特点

地理学科的研究方法具有综合多元性特点。地理学科研究方法系统包括地理研究的观点、地理研究的方法。“地理观点是地理科学思维方式的核心要素，是指人们用于反映地理事物和现象本质的模式、思想方法及思维运用程序。地理观点为人们提出、回答、识别和解决地理问题，以及评价可能产生的后果，提供一个参考框架。”[1] 笔者以为空间的观点、动态的观点、联系的观点，是地理学尤其强调的。地理学空间的观点是指在看待各种地理环境要素或事物时，地理学选取以空间的视角来审视彼此之间的关系，包括这些事物空间的定位、关系和变化。动态的观点是指地理学重视从地理事物的时间演变、演化来研究问题。地理学注重从过去和现在推知未来，因此地理科学探究也注重对未来事物的预测。联系的观点是指地理学研究的重点不在于对各个独立地理要素的研究，而重在研究要素

[1] 陈大路 . 高中人文地理内容的选择 [D]. 华东师范大学博士论文，2006：112-113.

或事物之间的关系。

地理学的研究方法较为多元。现代地理学较为重视野外实地调查、实验、模拟实验、基于网络的研究、数量建模和基于各种地理信息技术的方法。

上述对地理科学探究特点的阐释，让我们明晰在主题的选择方面，要注意选择以人地关系系统或其中的子系统作为研究对象的主题，主题的设计要从空间的视角、动态的视角和联系的视角出发，研究的方法要凸显地理学科特点。

（四）当地的实际情况

要根据当地的实际情况，因地制宜开发地理科学探究的主题。其原因在于以下两个方面：一是来源于当地实际情况的地理科学探究主题更能激发学生的兴趣，加深其对科学与社会、生活关系的认识；二是来源于当地实际情况的地理科学探究主题更易实施，有别于物理、化学以实验室探究为主的学科，地理学研究的是各要素之间的空间联系，因此研究的对象相对宏观，往往需要依赖一定的地理环境。所以地理科学探究主题取材于当地实际，有利于其实施。例如，在浙江沿海地区的学生进行海岸地貌考察的地理科学探究是便利的，而让宁夏的学生进行海岸地貌的考察则实施起来难度很大。

地理科学探究主题的选择要依据从当地实际情况出发的原则，要求设计者密切关注社会生活中的各种地理事象和问题，并且从中提炼出可进行地理科学探究的主题；同时也要求设计者注意时效性，关注社会热点的变化。例如，同样是关于台风问题的探究，用最近发生的台风做主题与用前几年发生的台风做主题相比，显然前者更能让学生产生探究兴趣。

六、如何为地理科学探究学习设置社会情境？

（一）社会情境的功能

科学教育的目的不是培养少数的科学家，而是要使尽可能多的公民具备科学素养，具备在生活情境中作出科学决策的能力。这种理念在国外较为流行。例如，美国国家地理课程标准提出了“地理为生活”的理念，PISA（国际学生评估项目）

规定科学素养的评价要选择来自人们日常生活的情境，而不是专业科学家的工作情境。[1] 这种思想反映到科学探究学习中，一个突出的特点就是科学探究的生活化，表现为科学探究的问题来源于生活，科学探究的目的是为了改善生活，等等。

具体到地理科学探究，由于其实践性强，在地理科学探究学习活动的设计过程中，往往会涉及各种各样的社会情境。对于这些社会情境，笔者认为其功能在于：(1) 置于探究主题活动之始、用以引出探究问题的社会情境，有助于激发学生的探究欲望；(2) 置于探究学习活动之中的社会情境，有助于学生理解高度概括和理想化的知识与实际更复杂的社会情境之间的联系与差异，防止学生将科学知识简单化和绝对真理化；(3) 置于探究学习活动之后的社会情境，有助于学生将科学探究的方法或成果应用于生活实际，从而加深学生对科学知识社会功用的认识。

（二）社会情境设计的方法

1. 置于地理探究学习活动之始

为了激发学生的探究兴趣，设计者往往要在地理探究学习活动之始设计一些社会情境，用于导入所要研究的问题。对于这些置于地理科学探究学习活动之始的社会情境，主要可从三个方面入手来加以设计。一是从强调该探究活动的功能角度来设计。二是从与所要探究的地理科学问题相关的生活问题或情境入手来设计。例如，为了探究地表水下渗能力与地表状况的关系，可设计如下社会情境："2011 年 6、7 月间北京、南京等地的暴雨引发城区大面积积水（可结合图片或新闻视频）。我们不禁要思考，为什么暴雨积水很少发生在农村地区，而在城市中频发？"三是在特定的社会情境中，赋予学生一定的角色，让学生开展角色探究。例如："你在月球上紧急降落，徒步到空间站需要一天的时间，而你在整个旅途中将会背离太阳。你可以从损坏的飞船上抢救出如下物品：食品、绳索、太阳能取暖器、电池取暖器、氧气瓶、星座图、指南针、手表、水、太阳能无线电发射器、信号镜和双筒望远镜……但你只能选择其中的五件，你会怎样选？"这段置于地理探究学习活动之始的社会情境，假设学生是一名宇航员，旨在通过生动的语

[1] 王晶莹. 中美理科教师对科学探究及其教学的认识 [D]. 华东师范大学博士论文，2009：26.

言来描述假设的情境，以引导学生对“在月球上生存需要什么”这一问题的探究。

2. 贯穿于探究学习活动之中

贯穿于探究学习活动之中是指探究学习活动始终在某种给定的社会情境之中进行。将地理科学探究问题设置于一种类真实的社会情境中，通过在这种情境中解决探究问题，学生会产生强烈的探究欲望和解决问题之后的满足感。

3. 置于探究学习活动之后

置于探究学习活动之后的社会情境主要有三个方面的作用：一是让学生感受到所探究的问题对解决社会实际问题的意义；二是培养学生用探究所获的知识、方法等去解决类似的社会问题的能力；三是引发新的问题，激发学生进一步探究的兴趣。因此，主题设计者在设计此类社会情境时，应从上述三个方面来寻找素材。设计者可以通过三个问题来提示自己怎样找寻与该探究主题相关的社会情境：一是该探究主题的结果或结论有哪些社会功用或可以解决哪些社会问题？二是与该探究主题类似的社会问题或现象有哪些？三是此次探究之后学生还可能会对哪些社会现象感兴趣？

七、地理科学探究学习活动的设计包括哪些环节或要素？

地理探究学习活动主要包含问题、证据及解释等核心要素，为了便于主题探究活动的实施，人们常将其细化为若干具体环节或要素。《中小学科学探究学习实施指南（试行稿）》围绕科学探究学习列出了提出问题、猜想假设、制订计划、收集证据、分析论证、反思评估及表达交流七大要素。这七大要素互为联系，相互影响，共同构成了一个完整的地理科学探究学习过程。依据完全包含这七大要素还是部分包含这些要素，可将主题活动分为完全探究和部分探究两类。完全探究可以让学生经历一个完整的探究过程，对学生探究能力培养的作用往往更大。但由于时间和各方面因素的影响，不可能要求所有的地理科学探究活动都是完全探究。部分探究由于其占用时间较短、较易实施等特点，往往在现实的地理教学中占有很大比例。因此，在进行地理科学探究学习活动设计时，要从实际出发，灵活选择完全探究或部分探究，并合理安排各探究要素，使所设计的探究学习活动更能体现探究学习的要求。下文将对部分地理教师存有较多疑惑的提出问题、猜想假设、收集证据、分析论证等要素的设计加以说明。

（一）“提出问题”的设计

问题是地理科学探究学习活动的灵魂与核心，一次成功的地理探究学习活动必然始自一个好的探究问题。许多地理探究学习活动往往流于形式或者无法深入进行，究其根源大多与问题的选择和设计有很大的关系。

活动的设计者应思考这样三个问题：一是设计什么问题？二是以怎样的方式提出问题？三是如何训练学生提出问题的技能？（见图 5）

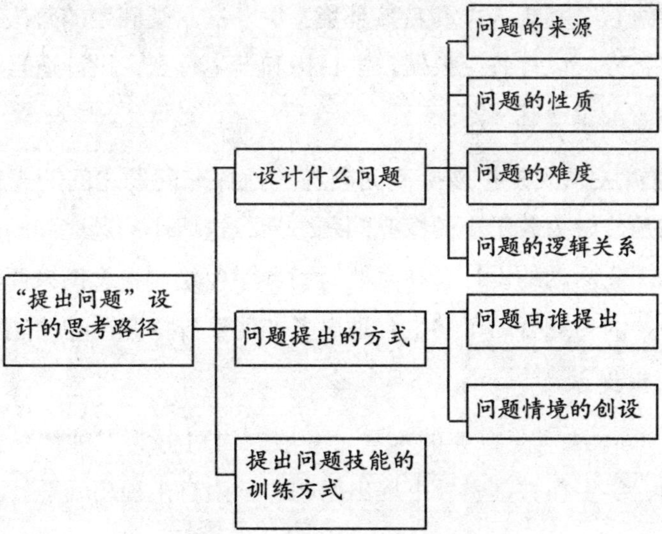

图 5 “提出问题”设计的思考路径

1. 问题的来源

首先，地理科学探究学习活动的设计者需要根据特定的教学目标来确定问题的来源；其次，要确定问题是来自生活、网络、课本还是其他途径。

2. 问题的性质

地理科学探究学习活动的设计者应明确问题的性质。西南大学徐学福教授将探究问题分为呈现型问题、发现型问题和创造型问题三类。呈现型问题是指由他人提出，只需通过回忆就能解答的问题；发现型问题是自己发现或提出，仅通过回忆无法解决，需要通过探索方能解决的问题（尽管问题的答案是人类目前已知的知识）；创造型问题是指人类尚未找出答案的问题。他指出，科学探究学习中的问题基本上属于发现型问题。因此，在设计探究学习活动时，教师应多给学生提供发现型问题。

3. 问题的难度

不同的问题对问题解决者的思维能力、知识水平的要求是不同的。我们常将问题分为“是什么（what）”“为什么（why）”“怎么办（how）”，这些不同类型问题的难度是存在差异的。在地理科学探究活动中也存在这样六类问题：“它在哪里？它是什么样子的？它为什么在那里？它是什么时候发生的？它产生了什么作用？怎样使它有利于人类和自然环境？”[1] 这六类问题的解决难度从前到后呈逐步提升的态势。设计者应根据教学目标和学生特点，设计适当难度的问题。

4. 问题的逻辑关系

问题的逻辑关系既是指该探究问题与其他探究问题之间的逻辑关系，也是指将该探究问题分解为若干小的探究问题之后，这些小问题之间的逻辑关系。建议教师或其他探究活动的设计者在必要时引导学生绘制概念图来厘清这些问题之间的逻辑联系，因为这有助于学生合理思考如何安排探究活动的先后顺序。

5. 问题由谁提出

问题由谁提出决定了探究的水平。一般来讲可分为三种情况，即教科书或教师提出问题、学生在教师引导下提出问题、学生自主提出问题。

6. 问题情境的创设

问题情境的创设有助于激发学生的探究热情，所以问题情境的创设至关重要。为了激发学生的探究热情，设计者往往要在地理探究学习活动之始，设计一些社会情境用于导入所要研究的问题。对于这些置于地理科学探究学习活动之始的社会情境，主要可从三个方面入手加以设计：一是从强调该探究活动的社会功能角度设计社会情境；二是从与所要探究的地理科学问题相关的生活问题或情境入手设计；三是在特定的社会情境中，赋予学生一定的角色，让学生开展角色探究。

[1] 国际地理联合会地理教育委员会．地理教育国际宪章 [J]. 地理学报，1993（4）：289–295.

7. 提出问题技能的训练方式

在提出问题这一探究要素的设计中，地理科学探究学习活动的设计者还要考虑通过什么方式来提高学生提出问题的能力。在日常的教学过程中，学生会提出许多问题，但这些问题有些太浅薄，无需探究；有些太空泛，无从探究；有些太深奥，无法探究。因此，设计者要从提出问题的思维方式、提出问题的思考框架、科学探究问题的特点等方面逐步训练学生的提问能力。在提高学生提出问题的能力时，要促使其将发散思维和聚合思维相结合，先运用发散思维提出多个问题，然后进行分析，剔除一些不需要探究、不值得探究和无法探究的问题，之后运用聚合思维，不断对问题进行精细化处理，最终得到合理的探究问题。地理科学探究学习活动的设计者还要注意给学生提供提出问题的分析框架，逐步培养学生提出问题的能力，如可以教学生运用“5W”法（即 where、when、why、what、how）来提出地理科学探究问题。

（二）“猜想假设”的设计

1. 猜想假设的内涵与特点

面对提出的问题，应启发学生根据已有经验和知识对问题的解决提出猜想假设。猜想假设能帮助学生进一步明确要探究的问题，激发其想象力，提升其逻辑推理能力及创新思维能力。猜想假设不是胡乱瞎猜，而是科学思维的一种形式，是根据已知事实材料和科学知识对所研究的问题作出的一种猜测性陈述，是对问题中事物的因果性、规律性作出的假定性解释。猜想假设具有两个基本特征：一是它基于客观事实，二是它基于探究者原有的知识和经验。

2. 猜想假设设计的思考路径

猜想假设的设计需要考虑以下三个方面：

（1）情境的设计

研究表明，在提出问题之后、让学生进行猜想之前，进行合理的情境设置有利于提升学生猜想假设的质量。因此，地理探究学习活动的设计者在进行猜想假设的设计时，要注意为学生提供适当的情境，创设的情境应能够为学生提供进行猜想假设所需的实践性材料（如展示自然、生活、科技的有关背景材料，运用实验手段演示的地理现象和过程等），以及进行猜想假设所要用到的理性材料（如提供相关知识、猜想的方法和策略等）。

（2）提出的方法

猜想假设本质上是一种科学思维方法。已有的研究表明，进行猜想与假设所需的方法主要包括观察分析法、反向思维法、溯因判断法、因果判断法、概括外推法、类比、想象等。

根据地理学科的特点，笔者认为在地理科学探究学习活动中提出猜想假设的方法主要有：

①通过实物观察提出猜想假设。已有的研究表明，提供实物比仅通过言语描述或提供图片等方式更能引发学生高质量的猜想假设。在地理探究学习设计中，要根据地理学科的特点，尽量采用展现给学生真实的地理事物和现象的方式来引发学生合理的猜想假设。

②运用类比法提出猜想假设。类比是根据两个（或两类）对象之间在某些属性上的相同或相似的特征，从而类推它们在其他属性上也可能相同或相似的一种逻辑方法。在地理科学探究活动中，可以通过类比知识、类比经验两种方式来提出猜想假设。例如，上海位于北纬 30° 附近，气候特点是夏季高温多雨、冬季寒冷干燥，由此可进行猜想假设：是不是北纬 30° 附近地区的气候特点都是夏季高温多雨、冬季严寒干燥？

③运用溯因法或逆推法提出猜想假设。溯因或逆推是从结果反推出原因的一种推断方法。这是与通常的从原因推知结果相反的一种思维方式，即先从地理现象或有待解释的地理问题出发，通过分析一步一步往回探究，从而提出猜想假设的方法。例如，给学生展示在喜马拉雅山上发现的海洋生物化石，让学生猜想喜马拉雅山在若干年前的地理环境；又如，给学生呈现阿拉伯人的服饰，通过阿拉伯人的服饰特点让学生猜想阿拉伯地区的气候特点。

（3）筛选与修改

地理探究学习活动中，在学生提出猜想假设后，还要鼓励学生对猜想假设进行筛选，选择合理的、可探究和值得进一步探究的猜想假设，并在此基础上对之前的猜想与假设进行修改与完善。这时，往往要进行生生合作和师生合作。

（4）反思与评价

当学生提出较高质量的猜想假设后，要鼓励他们对整个猜想的过程进行反思。反思自己提出猜想假设的过程中运用了哪些方法、哪些方法是可取的、哪些方法则不适合进行猜想假设，反思自己的猜想假设与他人的猜想假设的差异、如何从他人的猜想假设中获得启发。同时还要进行评价，评价自己或他人提出的猜想假设的优劣和质量高低。一般来讲，评价猜想与假设的指标包括：猜想假设的数量、支持性证据的数量、精确性等。

3. 注意要点

（1）创设民主的学习氛围

在地理科学探究学习活动中，由于师生、生生之间的知识水平、思维能力等方面的差异，针对同一个问题，教师与学生之间、学生与学生之间提出的猜想假设的水平存在很大的差异。这时，教师要注意创设民主、平等的学习氛围，鼓励学生大胆提出自己的猜想假设，进一步提升他们的能力。

（2）给予足够的猜想时间

如前所述，在组织地理科学探究学习活动时，要让学生深入、有效地进行猜想假设需要多个步骤、采用多种思维方式，而这些都需要时间保障。否则草草收场，学生的思维就得不到锻炼，更无法提出高质量的猜想假设。

（3）教给学生多元的猜想方法

在设计地理探究学习活动时，要注意对猜想假设方法的渗透或明示。可以让学生用“如果……又会怎样”的模式来提出猜想假设。对于学生提出的猜想假设，应给予适当的比较，分析其是否有依据、是否符合逻辑、是否对问题的解决有利等，以使学生明白哪些才是合理的猜想假设。

（三）“制订计划”的设计

在探究过程中，面对猜想假设，必须进一步加以证实，为此，应梳理探究思路，精心设计可行、可靠的实验方案，制订清晰、可操作的研究计划，从而保证探究过程顺利进行。这一过程有利于培养学生严谨的科学思维品质，提升其规划设计的能力。

制订计划包括下列程序：

（1）明确探究任务。学生在制订地理科学探究计划时，首先要根据所提出的地理科学探究问题和猜想假设，明确探究的任务，这是制订探究计划的起点。探究任务必须明确、清晰，方能有利于后续探究工作的开展。

（2）选择探究方法。探究的方法有很多，如观察、野外调查、实验、资料查询等。在设计地理科学探究学习活动时，要注意给学生介绍不同探究方法的特点及适用性，培养学生根据不同的探究任务选择合适的探究方法的能力。

（3）设计探究程序。探究程序指学生在探究的过程中，各种探究活动开展的先后顺序，及其相互依存关系。在相对复杂的地理科学探究学习活动中能否合理安排各种不同步骤的先后顺序，体现了学生的逻辑推理能力。

（4）进行探究分工。在地理科学探究学习活动中，合作探究是一种常见且高效的探究方式，所以在制订计划时，要对探究小组里的成员进行合理分工，以利于所有学生投入探究。

（四）"收集证据"的设计

1. 收集证据的途径与基本要求

为了验证猜想假设是否合理，需要通过一定途径去寻找证据，这些证据一般来自观察、调查、实验或其他科学的、客观的途径。学会收集证据，有利于学生树立求真务实、独立思考的科学态度和科学精神。

收集证据的常见方法有实地观察（如野外考察等）、实验、调查、文献资料查询等。在收集证据时，要锻炼学生对各种仪器设备的操作技能，培养学生仔细、认真、全面收集证据的能力以及实事求是、求真务实的探究态度。

2. 收集证据设计的注意要点

（1）培养学生严谨的科学态度是收集证据设计的首要目标

由于收集证据的过程一般费时较长且工作较为细致、单调，往往会出现学生编造、修改数据的情况。教师要重视并加以引导，使学生明白客观、严谨的科学态度对科学探究成功与否的决定性作用。

（2）重视收集证据中"意外事件"的教育价值

在证据的收集过程中，往往会出现收集的证据与预先的假设不符的情况，这时教师不应该急于下结论或者将确定的答案告知学生，而应该抓住这些"意外事件”，将其转化为学生进行科学探究的有效课程资源。

（五）“分析论证”的设计

1. 分析论证的内涵与功能

分析论证是一个过程的两个方面。分析是指对收集的证据进行分类、整理，并通过比较、归纳等思维过程，找寻信息、事实或现象之间的本质联系；论证是指将收集到的证据与猜想假设相联系，从而探寻这些证据能否证实或证伪之前的猜想与假设。分析与论证密不可分，分析必然是以论证为目标的，论证必然以分析为基础。分析论证这一探究要素对培养学生的数据处理、分析概括的能力有较大的作用。

2. 分析论证的程序

（1）客观描述证据

在收集大量证据之后，需要学生对所获的证据进行客观的描述。在此过程中要注意两个方面：一是要让学生明白数据是客观的，不等于结论，不能因为预期的结论，便对证据的描述带有主观色彩；二是要让学生通过绘制地理图表（如区域图、表格、框图、示意图、流程图或关系曲线等）整理数据、描述数据。

（2）比较数据

对数据进行比较是数据分析的常见方法之一。要让学生对实验组与对照组、自己的实验数据与已有的实验数据之间进行比较，并从比较中获得启示，得出研究结论。

（3）得出结论

即通过对不同地理因素或地理事象的数据、空间分布等进行因果推理，获得探究结论。

（4）合理解释探究结果

通过上述过程，学生应能初步得出探究结果，并能在探究结果与证据之间建立联系，进行合理解释。在这个过程中，既要注意培养学生的分析概括能力，也要注意培养学生的发散思维能力；不要轻易否定学生对数据的分析与推理结果，也不要鼓励学生轻率得出结论。

（六）“反思评估”的设计

1. 反思评估的内涵和要求

在科学探究中应让学生不断反思、评价探究过程中所提出的问题、作出的猜想和假设、设计的方案和计划、所做的实验、收集到的证据、得出的结论等，并在此基础上对相关内容加以完善，这将有助于培养学生的反思评估能力。

反思评估要求学生具有反思评估探究过程和探究结果的意识，能注意到实验结果与猜想假设间的差异，会分析实验结果与预想结果不一致的原因，并能找出探究活动中未解决的矛盾，发现新的问题，改进探究方案。

2. 反思评估的设计要点

应让学生认识到，若结果与假设吻合，则假设被证实；若结果与假设冲突，则假设未被证实，在经过分析论证形成探究结论后，还需要进一步对结果与假设之间的差异进行反思评估。另外，还应注意让学生反思评估已采用的实验方法、器材和数据处理方式等，如探究方法是否科学、概念是否清楚、选择的实验器材是否合理、是否真的控制了变量、是否注意到了个别异常数据、数据是否能支持所得出的结论、如何对探究方案与测量方法进行改进等。

（七）表达交流的设计

1. “表达交流”的内涵和要求

在探究活动中，可以选择不同的形式将探究结果呈现出来，如口头表述、实验报告或学术论文。表达交流不仅表现在探究结束后的成果展示，它还贯穿于整个科学探究的过程。通过交流不但能梳理思路、相互启发，有时还会引出新的问题，为进一步的探究提供新的线索。注重表达交流能力的培养，有助于促进学生对有关科学内容的理解，增强学生的团队意识以及勇于质疑、敢于发表见解的科学精神。

表达交流要求学生有主动表达自己观点的意识，敢于发表自己的观点，能用口语、文字、图表、幻灯片或模型等多种方式准确表述研究过程和结果；善于倾听不同意见，有合作意识、团队精神。

2. 表达交流设计的注意要点

在地理科学探究学习活动的设计中，对表达交流的要求除了思路清晰、用词准确、逻辑严密等一般要求外，还要考虑到地理学科的特色。

（1）注意培养学生运用地理图表呈现数据的能力。

（2）注意培养学生正确使用地理学科术语的能力。

（3）注意培养学生完成规范的实验报告、调查报告等研究报告，撰写小论文或者科学小品文的能力。一般来讲，研究报告有四个部分：①目的：我想发现什么？②程序：为回答我的探究问题，我做了些什么？③发现：从我的观察和测量中，我发现了什么？④结论：我得出了什么结论？

（4）培养学生为自己的观点辩护的能力和虚心接受别人的观点的态度。在表达交流过程中，应让尽可能多的学生获得平等交流的机会，既不能总让少数学生主导，或者由教师包办代替，也不能看似讨论热烈，但只是表面热闹，实际上不着要领。

八、地理科学探究学习活动培养的探究技能有哪些？

（一）地理科学探究技能分类

根据地理科学探究的特点和各国地理课程标准中对地理科学探究能力的划分或评价标准，可以将地理科学探究技能分为提出地理问题的能力、提出假设的能力、收集整理地理信息的能力、分析地理信息的能力、得出结论的能力、表达交流的能力 6 个方面。这 6 个方面均为综合技能，每一个技能都包含了若干基础地理技能，而基础地理技能又可根据性质分为操作技能和心智技能（见表 6，转下页）。地理操作技能主要是指在地理科学探究活动中的一系列外部动作以合理的程序组成的操作活动方式，如正确使用天文望远镜、罗盘等地理仪器、设备的能力以及在地理实验中取样、称量、绘制地理图表的能力等；地理心智技能是指在地理科学探究活动中借助于内部语言在头脑中进行认识活动的技能，如分析、综合、归纳、演绎、类比等地理思维技能。

表 6　地理科学探究技能体系

地理综合技能	对该技能的解释	该技能所包含的心智技能	该技能所包含的操作技能
提出地理问题的能力	能够从生活中的自然现象和社会现象中发现问题；能够有效地利用已有信息提出问题；能够清晰地界定问题；能够将复杂的问题分解为一个个小问题；能够区分科学性问题和生活性问题，并能将生活性问题转化为科学性问题；所提的问题应具有一定的深度、广度和新颖度。	界定问题、比较、分析、综合、推理、预测、交流	观察、记录
提出假设的能力	能根据已有的知识、经验或通过收集相关信息，将已有的地理知识与问题联系起来，提出解决问题的假设。	分析、综合、演绎、推理、比较	制图
收集整理地理信息的能力	学会收集资料，具有从一手或二手资料中提取有价值的地理信息的能力：一是能够合理选取资料；二是能够将所选资料制成图表等；三是能够运用其他媒介手段对地理信息进行统计、归纳、分析。	分析、归纳、比较、综合、推理与类比、实验	询问、发放问卷、野外采集地理样品、地理探究常用工具（如罗盘、指南针）的使用、使用地理实验仪器设备、仪器保管
分析地理信息的能力	一是学会运用统计等方法分析地理信息；二是能运用地图等媒介进行推理，得出结论；三是能从各种信息源中选择有价值的地理信息进行分析、综合、预测。	分析、综合、归纳、演绎、比较、分类、推理与类比、预测	制图
得出结论的能力	培养学生在地理信息收集、整理、分析基础上获得结论的能力：能够从各种探究结果中得出有用的概念，并作出明确的表述；能够对问题的答案进行检验与评价；能采用恰当的方式（如运用地理模型、概念等）总结和表达结论。	推理、归纳、综合、比较、设计	制图表、建立模型
表达交流的能力	能否条理清晰、完整地表达探究过程与结论；能否将论据与论点联系起来，得出基本合理的解释；能否用语言、文字、图表等多种方式表达学习成果。	写作、归纳	制图表、计算机操作、提问、讨论、说明、报告、批判

（二）典型地理科学探究技能的设计方法

1. 野外观察

在地理科学探究学习活动中，观察可分为直接观察和借助仪器的观察、室内观察和野外观察等。其中，野外观察是一种常见的地理科学探究技能。

（1）野外观察的要求

一是目标明确。开展地理野外观察活动必然带着一定的观察任务。野外观察的效果与任务是否明确、目标指向性是否清晰有很大的关系。

二是深入细致。地理野外观察必须深入细致，不能走马观花、流于形式。进行深入细致的观察既可以借助一定的仪器设备，也可以通过比较等方法寻找不同地理事象之间的细微差别；进行深入细致的野外观察还要注意宏观观察与微观观察的结合。例如，对某个区域土壤类型空间分布的野外观察，既需要对不同取样点的土壤类型进行实验室的微观观察，还需要将这些不同取样点的土壤置于一定的区域空间内进行宏观观察。

三是观思结合。任何观察总是在一定的思维、观念指导下进行的，同时观察所得的结果又为人们改变或坚持某种观念和思维方式提供证据。在地理野外观察的过程中，要注意观察与思考的结合，应让学生带着问题观察，在观察中发现问题并获得解决问题的方法。

四是定性观察与定量观察相结合。在地理科学探究活动中，我们既需要定性观察也需要定量观察。例如，对岩石颜色的观察属于定性观察，而对于岩石的重量、大小等的观察往往是定量观察。

五是观察需与其他探究技能相结合。在地理野外观察的过程中，观察这一地理科学探究技能往往要与记录、制图等技能相结合，才能达到良好的观察效果。

（2）野外观察的设计

地理科学探究学习活动的设计者要从观察的目标（或任务）、观察的地点、观察的手段或工具、观察的时间、观察对整个探究活动的作用等方面来设计野外观察活动。一般来讲，为了更有效地提高学生的野外观察探究技能，教师对探究活动的设计要经历一个从控制型、引导型逐渐向学生自主型观察转变的过程。在学生初涉野外观察活动时，教师可以通过设计包括观察点、观察方法、观察工具等内容的表格来引导学生有目的地进行观察。例如，宁夏吴忠中学李怀泽老师在指导学生进行物影观测时设计了表 7，用来指导学生记录相关信息。

表 7　观测物影记录表

分组	选择物体	观测次数及观测时间	观测结果（物影长度）	与上次物影长度对比	太阳直射点移动方向	正午太阳高度如何变化
第一小组	楼房	1				
		2				
		3				
		4				
		5				
		6				
第二小组	小树	1				
		2				
		3				
		4				
		5				
		6				
第三小组	电线杆	1				
		2				
		3				
		4				
		5				
		6				

2. 地理图表技能

地理图表是地理科学的第二语言。在地理科学探究活动中，地理图表技能是重要的技能。所谓地理图表技能是指利用地理图表这类载体，在师生双方的共同作用下，通过地图分析、解决问题，并将其内化为学生自身能力的过程。

（1）地理图表技能的功能

阐述地理图表技能在地理教学中作用的文献不胜枚举，然而，地理图表技能作为一种地理科学探究技能，它具有怎样的功能，却鲜有人进行研究。笔者认为，地理图表技能概括起来主要有以下几方面的功能。

①通过地理图表说明地理事物的特点

在地理科学探究过程中，我们需要通过地理图像来反映地理事物的特点。例如对在野外观察到的岩石、褶皱、断层等，可以通过绘图来表现这些地理事物的特征。要注意的是，不同的观察者具有不同的学科视角和探究需求，如一个画家和地理学者对同一事物的描述会有很大差异。在通过图表来表现这些地理事物的特征时，要注意突出该事物的地理特征。

②通过地理图表探寻空间分布规律

空间视角是地理科学研究的重要视角。在地理科学探究中，经常要找寻地理事物的空间分布规律，这时地图往往成为地理研究的重要手段和载体。在不同的地理观察点，地理事物的分布是呈点状的，将这些观察点上的地理事物在地图上标示出来，就会使地理事物的空间分布特点和规律清晰明了。

③通过地理图表探寻时间分布规律

动态视角是地理科学研究的另一个特点。地理学家往往在一个较长的时间跨度里研究地理事物的变化规律，预测未来的发展趋势。在基于时间视角的地理科学探究中，地理图表也发挥重要作用。如在了解不同时期的气温变化时，地理学者需要将各个时期的气温和时间通过纵横坐标的方式，绘制成一幅气温随时间变化的曲线图，然后根据一定的原理判断该曲线未来可能的走向。

④通过地理图表探寻地理事物之间的联系

找寻各种不同地理事物之间的相互影响和相互联系，是地理学的另一个研究视角，这同样需要借助于地图。例如，地理学者提出一种假设，认为某区域两种地理要素之间可能存在某种联系，一个常用的方法是将这两个地理要素的相关特征填绘于某区域地图上，然后观察在空间分布上是否存在一致性或者互补性；还有一种情况是，地理学者在研究某两种地理要素（或事物）的时间变化规律时，将这两者绘制成曲线图，寻找两者之间存在时间上的共生性或相异性，由此可推测两个地理要素（或地理事物）之间的联系。

⑤通过地理图表建构模型

在地理科学探究中，往往可以通过绘制关系图或建构一定的模型来说明地理事物之间的逻辑关系。

（2）地理图表技能的设计

前面对地理图表在地理科学探究过程中的功能与作用进行了分类，相应地也可据此将地理图表分为各种类型，如说明地理事物特点的多为景观图、示意图等；探寻地理事物空间关系的多为区域分布图；探寻地理事物时间关系的多为地理坐标图；探寻事物之间联系的多为数字地图；用以说明地理事物之间逻辑联系的多为地理模型图或概念图。这就要求教师在培养学生的地理图表技能时，有针对性地根据需要设计不同的探究活动，用以培养不同的地理图表技能。

①设计的思考框架

地理科学探究主题活动的设计者首先需要对哪个学龄段培养哪种地理图表技能、对这些地理图表技能掌握到什么程度等有一个通盘考虑；其次，需要对地理科学下面不同的研究方向如“天气与气候”“地质与地貌”等着重培养哪种地理图表技能有一个对应关系的考虑；最后，需要根据地理科学探究中不同地理图表技能培养的先后关系有一个大致的把握，例如通过地理图表探寻不同地理事物之间的内在联系在技能要求上比通过地理图表探寻单个地理事物的空间分布规律更高，因此前者的学习要安排在后者学习之后进行。

②设计的内容

地图技能的设计通常包括下列内容：该地理图表技能对地理科学探究的功用；该地理图表的绘制或分析步骤；对该地理图表的分析；制作该地理图表需要哪些理性思维。

九、地理科学探究学习活动有哪些类型?

地理科学探究学习活动依据不同的标准可以分为不同的类型。要使学生的地理探究学习活动走向深入，教师必须了解探究学习活动的各种类型，并能在日常教学情境中灵活运用。依据探究活动的形式，可将地理科学探究学习活动分为地理探究实验、科学野外考察、网络实验、探究之探究、调查等类型，由于篇幅所限，笔者在此仅对较有地理学科特色和较为常见的地理探究实验、科学野外考察、网络实验、探究之探究四类探究学习活动类型的设计进行介绍。

（一）地理探究实验活动

1. 地理探究实验活动的内涵

地理探究实验是指在地理教学中，以培养学生的探究精神和探究能力、加深学生对地理科学的理解为目标，以一定的问题为导向，运用一定的器材和设备，通过学生动手操作，人为地揭示或呈现某些地理现象或规律的实践活动。地理探究实验与一般地理实验的重要区别在于三个方面：一是实验的结果对学生而言是未知的，因此其与验证性的实验相对（验证性实验的结果为学生所已知，学生只是按照一定的步骤来验证结果）；二是地理探究实验必须以一定的问题为导向；三是地理科学探究实验可以分为模拟实验和真实实验。

2. 地理探究实验的设计程序

（1）选择地理探究实验主题

下列主题适合开展地理探究实验。

①抽象的地理事物

一些地理事物比较抽象，学生通过实验才能深入理解。如地球的自转、公转等较为抽象的知识点，通过实验将抽象的地理事物直观化，才能有助于学生的理解与探究。

②复杂地理现象的成因

一些有关地理现象成因的主题可以采用实验的方式来探究。例如初中生在探究澳大利亚自流盆地奇妙现象的过程中，可以通过弯管实验来演示水是如何从U型弯管的低端管口冒出来的，从而探寻这一现象背后的地理成因。

③地理要素之间的关联

一些地理要素之间的关联可以通过实验来探究。例如，为了了解湿地生态与湖泊的关系，可采用对比性实验，在两个塑料实验箱中，分别堆砌两座相同的土堆模拟高山，在其中一座“高山”的山麓部位，放置一块厚海绵，同时向两个实验箱浇洒相同量的水模拟暴雨，查看哪个“湖面”水位升得更高。

（2）进行探究要素和探究技能的设计。首先，要思考该实验设计是包含了一个完整的地理科学探究的提出问题、猜想假设、制订计划、收集证据、分析论证、反思评估及表达交流七大要素，还是只涉及其中的一些要素；其次，思考在该实验设计中应着重培养学生的哪些地理科学探究技能；最后，思考在学生进行地理科学探究实验的过程中，自己该给予多大程度上的指导。

（3）设计实验的步骤和器材。主要思考该实验具体包括了哪些步骤、要运用哪些实验器材、是否需要购置或自制实验仪器等。

（4）对探究实验的其他方面进行设计，如实验的安全措施等。

（二）地理科学野外考察活动

1. 地理科学野外考察活动的内涵

野外考察是地理科学探究最常见和最具特色的探究方法。要充分发挥野外考察的价值和功能，必须倡导一种基于探究的野外考察学习活动。基于探究的野外考察学习与传统的野外考察学习的最大差异是，学生带着一定的问题（这个问题对学生而言不能通过回忆加以解决）进入野外，通过观察、记录、分析、推理、制图、交流、反思等各种地理科学探究技能获得对地理问题的解决。

2. 地理野外考察活动的主题选择

在地理科学探究中，什么样的主题适合于地理野外考察类型的活动呢?

（1）关于地形地貌、河流湖泊的主题

地形地貌、河流湖泊等都是比较直观的地理事物，对它们的观察、观测与实地样本采集，有助于学生理解地理现象、解答地理问题，因此这类主题活动非常适合采用野外考察的活动类型。如西南地区的学生可考察探究喀斯特地貌特征及石漠化现象是如何产生的。

（2）有关乡土地理的主题

由于乡土地理的研究对象为当地的地理事物，所以开展野外考察较为便利。例如，上海的学生可以通过考察苏州河、黄浦江的流速、水质以及河道弯曲、河床淤积等情况，来探究河流特征。

（3）操作性强的相关主题

若主题探究活动的目标设计较侧重动手能力，则较适合开展野外考察活动。例如，通过图表的分析来了解不同颗粒物的沉积先后顺序，到河流的不同河段采集颗粒沉积物进行比较分析，更有助于培养学生的采集、观测、记录、统计等操作能力。

3. 野外考察活动的设计程序

（1）提出探究问题

提出探究问题是进行地理科学野外考察活动的第一步，也是最关键的一步。

探究问题的提出既可以在进入野外之前，师生通过查阅相关资料或生活经验等方式提出问题，也可以在进入野外之后，师生在野外环境中通过观察、比较、归类等途径发现地理问题。在这个环节的设计中要注意学生提出的问题是否属于可探究的地理问题的范畴。

（2）制订探究计划

在地理科学野外考察活动前要制订周密的探究计划。探究计划既可以由教师来设计或师生共同来设计，也可以由学生自行设计。在制订探究计划时，需要考虑的问题包括：要研究的问题是什么？为此，要采取的研究方法是什么？需要哪些研究工具？研究地点选在哪些地方？具体的线路怎样？研究的分工怎样？研究的时间怎样安排？……教师可以根据需要，通过设计“野外探究计划表”（见表8）来指导学生制订探究计划。

表8　野外探究计划表

探究问题	
探究内容	
探究方法	
探究工具	
探究步骤及时间安排	
探究成员分工	
探究地点及线路	
安全注意事项	
存在的困难	

（3）收集、整理、分析地理信息

此阶段收集到的信息，主要是通过学生的野外观察和调查、测量等途径获得的。在地理科学野外考察活动中，要注意对学生观察能力的训练和指导。

在整理、分析地理信息时，要运用一定的方法对数据进行科学处理。在此阶段，教师要注意设计的活动是否有助于学生分析、归纳、分类、比较等地理思维能力的提高。

（4）获得结论、反思评估与表达交流

在对地理信息进行分析后，可引导学生通过一定的推理获得结论。这时可能会出现学生的结论与原假设一致的情况，也可能会出现学生所获得的结论与原假设不一致的情况，这时教师要引导学生分别根据不同的情况，对自己的假设和探究方案进行反思与评估，并在此基础上运用一定的方法呈现研究成果，交流所得。

（三）地理网络实验活动

信息技术在当今社会生活中发挥了越来越重要的作用，尤其是在科学研究领域和教育领域。如在教育领域便催生了一种新型的地理科学学习方式——网络实验。当前的网络实验主要分为四种：模拟演示实验，利用网络进行数据传送、处理和控制的远程实验，基于虚拟仪器技术的网络虚拟实验和虚拟WEB实验。当前，在地理教育领域，最常见的为远程实验。最典型的代表是美国的“GLOBE开发计划”，该计划由美国原副总统科尔发起，由美国海洋大气局（NOAA）和美国航空宇宙局（NASA）的科学家，以及亚利桑那大学等机构的研究人员共同研究开发的全球环境教育计划。该计划旨在让儿童及学生按照科学家规定的程式收集大气、土壤等相关资料与数据，然后通过因特网把资料与数据送到GLOBE项目中心，科学家以世界各地汇集的资料与数据为基础进行分析，并以教材的形式将分析结果回馈给学校，供学校开展环境教育使用。

在地理科学探究学习中，网络实验作为新鲜产物有其独特的教育价值。首先，通过网络实验可以培养学生运用信息技术进行科学探究的能力；其次，网络实验可以通过网络将科学家、不同区域的学生联系在一起，从而形成基于网络的合作和共享机制，让学生体验到新时期科学探究的特点；最后，网络实验可以解决一些学校实验设备不足的问题，从而减少在地理科学探究学习方面的地域差异。

（四）“探究之探究”活动

1.“探究之探究”活动概述

探究之探究是指教师为学生提供科学史中或者当代科学家对某些科学问题的探究资料，学生针对其中的细节如研究的问题、收集的数据、技术在研究中所起的作用、对数据的解释以及科学家所作的结论等的探究。这种方式能让学生理解什么是科学知识以及科学知识是怎样获得的。“探究之探究”教学方式最早由施瓦布提出，经过半个世纪的发展，现在已经成为培养学生科学探究能力的重要途径和方式。根据资料的来源，可以将其分为基于科学史的探究和基于当代科学问题的探究。当前世界各国科学教育界对科学史的教育价值颇为关注，而我国地理科学教育尤其是地理科学探究学习活动，地理学史的价值还未被充分挖掘，因此，接下来笔者将着重论述如何基于地理学史设计地理科学探究学习活动。

2. 基于地理学史的科学探究主题活动的设计原理

从地理学史出发设计探究学习活动时，要注意我们不能只将史实作为一种静态的材料呈现，或作为一种"最终形式"来设计地理科学探究主题，而是要特别强调展现科学家如何寻找证据以及如何在前人的基础上推进科学进步的过程，并且引导学生思考诸如"科学证据如何为科学结论服务""科学推论的基础是什么"等问题，以加深学生对科学本质的理解。

从地理学史出发进行地理科学探究主题的开发，可以采取以下几种有代表性的方式。（1）围绕某个科学问题，如"地球的形状是怎样的"，将地理学史上的有代表性贡献的科学家的主要观点、研究的方法加以整理，辅以生动的语言，让学生在如同读故事的过程中了解地理学史，并在文末提出能引发学生对地理科学探究方法、地理科学的本质思考的问题。（2）角色扮演法。首先创设一定的类似于地理学史上某个地理学家遇到困难时的问题情境，然后让学生扮演这个科学家，去"解决"科学问题，之后再呈现地理学史的内容，让学生进行比较，以加深他们对地理科学探究本身的理解。（3）历史对话法。即将不同时期的地理学家围绕某一个地理科学问题的解答组合到同一个主题中，展示这些科学家对这一地理问题的不同看法或采用的不同探究方法，从而引导学生了解地理科学是如何在不断的质疑与对话、探究中前进的。

十、如何设计地理科学探究学习活动？

地理科学探究学习活动的设计作为课程设计（对于课程标准与教科书的编写者而言）和教学设计（对于教师而言）的一种，须遵循一般课程设计和教学设计的思路。我们认为，一个完整的地理科学探究学习活动设计，包括学习需要分析、目标设计、主题设计、类型设计、探究特性设计、评价设计等步骤（见图6，转下页）。

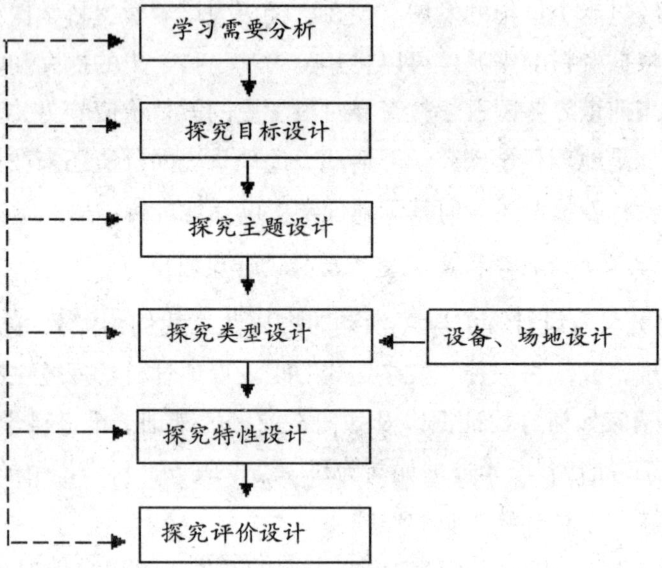

图 6　地理科学探究学习活动设计的步骤

（一）学习需要分析

学习需要分析是地理科学探究学习活动设计的出发点，它决定了后续的目标设计、主题设计、类型设计和探究特性设计等环节。

学习需要是指学习者当前的状态和期望达到的状态之间的差距。学习需要分析要根据地理科学探究的总体目标和学习者当前的学习状态来进行。在地理科学探究学习活动设计的过程中，学习需要分析主要用以解决以下几个问题：学生有无需要解决的问题？如果有，则该问题是什么？该问题产生的原因是什么？是否可以通过科学探究加以解决？

在思考第一个问题时，设计者往往需要通过观察、调研、先期评价等方式来确定学生存在的学习问题。常见的学习问题有：学生对地理科学概念无法有效理解；只知其然，而不知其所以然；无法通过地理知识的学习理解知识的建构过程；无法明白科学知识与科学方法之间的关系；不能有效掌握本该掌握的地理科学技能；等等。以上问题都可能导向对某个地理问题的探究以及主题活动的设计。

在了解了问题之后，设计者需要对问题产生的原因作进一步的分析，并明确其与地理科学探究学习活动的对应关系。假如学习问题产生的原因在于教师没有很好地讲清楚概念之间的联系，以致学生对地理概念产生误解，则可通过重新设计教学方案加以解决；但如果该问题是传授式教学无法解决的，必须经由地理科学探究学习活动才能解决，则应调整教学设计。

（二）探究目标设计

在学习需要分析的基础上，设计者需要确定该主题学习活动的主导目标。假如先期的学习需要分析的结果是应通过探究活动让学生更好地理解科学概念，则知识性的目标为主导性目标；假如先期的分析认为通过探究活动可以解决学生地理科学探究能力不足的问题，则应以能力目标为主导目标。应指出的是，在一个地理科学探究学习活动中，往往是知识目标、能力目标和对科学探究理解的目标三者交织、融合在一起的，很少存在绝对单一性的目标。这里强调主导目标只是说明在某项探究活动中目标会有所侧重。

确定主导目标后，需要对地理科学探究学习活动的目标进行具体设计。在设计目标时，要注意纠正我国当前地理科学探究学习活动设计中过分倚重知识目标的弊病，应根据学生的学习需要和课程标准的规定性要求，全面设计知识、能力和对科学探究的理解三者有机统一的目标。

（三）探究主题设计

探究主题设计主要是指应选择哪些主题来开展地理科学探究活动，以及如何表述和呈现这些主题。在设计地理科学探究学习活动时，首先，要依据学习目标来寻找合适的主题。若学习目标为地理科学探究能力主导型，则选择的主题要成为这种能力培养的载体；若学习目标为地理概念主导型，则选择的主题本身就应围绕该概念；若学习目标是为促进学生对地理科学探究的理解，则可选择的范围应更宽泛。其次，要对主题内在的逻辑关系进行梳理，以厘清不同主题安排的先后顺序，形成主题概念图。再次，应设计导向学生科学探究的问题。教师在设计地理科学探究学习活动时，应牢牢把握该主题中可供学生探究的核心问题。最后，对问题的表述和社会情境进行设计。问题通过什么方式进行表述有利于学生的科学探究学习、将问题置于怎样的社会情境中可以更好地激发学生的学习兴趣，是这一步骤要思考的问题。

（四）探究类型设计

在选择好合适的主题后，就要决定采用何种方式开展活动，即考虑探究类型的设计。探究类型主要由教学目标决定，并与主题内容密切相关。各种不同类型的地理探究活动，有其不同的功能，设计者要根据其功能与教学目标的适切性来选择、设计探究活动类型。例如，实验型的地理科学探究活动有助于学生理解地理各要素之间的空间和时间联系，发现地理事物之间的因果关系；地理野外考察有助于学生将抽象的地理知识直观化、探究地理事物之间的空间分布规律；“探究之探究”有助于学生理解地理科学知识是如何被建构的，从而理解地理科学探究的本质。

在设计地理科学探究的类型时，还要注意各种不同类型的探究活动设计的步骤、路径、重点和外部保障，其设计的侧重点有很大的差异。例如，野外考察对学生所处的地理环境要求较高，要考虑学生所处的地理环境与要考察的对象之间的关系；实验探究对实验仪器有一定的要求，需要学生对自变量和因变量进行精确的控制；“探究之探究”需要用到大量的地理史学材料，教师要对这些材料进行梳理、设计，让学生理解地理史进程中的地理科学探究过程的细节。

在确定地理科学探究学习活动的类型后，还需要思考相对应的外部因素的保障，主要包括场地、设施和安全等方面。地理科学探究学习活动的场地类型多样，包括室内和户外、校内和校外、社会或自然的野外等，设计者要根据教学目标和主题活动的特点选择场地，并在设计时充分做好前期的调查、踩点工作。在进行地理科学探究学习活动设计时，设计者要充分考虑当地的设施条件，有效利用当地的各种资源。值得指出的是，由于地理科学探究活动旨在培养学生的探究能力，其仪器设备的要求不一定要像高校或科研院所的器材那样精细，不具备相关条件的学校，采用一些简单的自制仪器，同样能够达到地理科学探究的目的。

（五）探究特性设计

探究要素包括提出问题、猜想假设、制订计划、收集证据、分析论证、反思评估以及表达交流七大要素。根据是否全部包含上述要素，可将地理科学探究学习活动分为完全探究和部分探究两类。完全探究有助于学生了解完整的地理科学探究过程，耗时长；部分探究有助于学生对某几个要素进行深入学习和理解，耗时较短。在设计地理科学探究学生活动时，要根据时间、目标等设计探究要素。对探究要素的深入分析和放大研究，有助于指向深度探究。

探究技能包括基础技能和综合技能。鉴于我国教育界对地理探究技能表述较为模糊、缺乏分类的现状，笔者在参考前人研究的基础上，建构了地理科学探究技能体系，并对每一种技能的内涵进行了解释。在进行探究技能设计时，要注意思考三对关系：一是探究技能与教学目标的关系，探究技能的设计须服从于教学目标；二是探究技能与学生的认知发展的关系，在不同的学龄段要有侧重地发展学生不同的探究技能；三是探究技能与主题适切性的关系，不同的探究主题要对应不同探究技能的培养。

探究水平的高低与学生自主性的强弱密切相关。一般来讲，学生的自主性越强，探究水平越高。因此，在设计旨在凸显探究水平的主题活动时，要精心构思能够充分调动学生参与的操作环节。

（六）探究评价设计

在进行地理科学探究学习活动设计时，还要设计相应的评价方式，以检验学生是否达到了预期的目标。常见的评价方式有现场观察、纸笔测验等。纸笔测验较适合于知识目标主导型的地理科学探究学习活动；现场观察较适合学生人数较少的探究活动。教师在进行主题活动设计时，要根据教学目标、师生情况等设计合理的评价方式。

十一、能为我国初、高中开展地理科学探究学习活动提供建议主题吗？

表 9　我国初、高中地理科学探究学习活动建议主题

<table>
<tr><th colspan="2">地理探究活动主题</th><th>对应学段</th></tr>
<tr><td colspan="3">地球与地图</td></tr>
<tr><td>地球与地球仪</td><td>在气球上绘制经纬线</td><td rowspan="11">初中</td></tr>
<tr><td>制作地球模型</td><td>测量当地的纬度</td></tr>
<tr><td>模拟地球自转</td><td>制作指南针</td></tr>
<tr><td>模拟地球公转</td><td>绘制简易校园平面图</td></tr>
<tr><td>测量当地正午太阳高度角</td><td>制作中国地形模型</td></tr>
<tr><td>利用地图，定向“寻宝”</td><td>制作七大洲、四大洋拼图</td></tr>
<tr><td>制作等高线模型</td><td>绘制七大洲、四大洋轮廓</td></tr>
<tr><td>模拟全球旅行</td><td>制作所在省份模型</td></tr>
<tr><td>模拟超级大陆——泛古陆</td><td>计算机模拟大陆漂移</td></tr>
<tr><td>制作六大板块拼图</td><td>模拟喜马拉雅山的形成</td></tr>
<tr><td>模拟地转偏向力</td><td>计算机演示板块运动</td></tr>
<tr><td>观察星空</td><td>观察月相</td><td rowspan="8">高中</td></tr>
<tr><td>演示天球仪</td><td>绘制地球的宇宙环境简图</td></tr>
<tr><td>演示昼夜更替</td><td>制作日晷</td></tr>
<tr><td>测量正午太阳高度角</td><td>演示太阳高度角</td></tr>
<tr><td>制作昼夜长短变化转盘</td><td>验证地转偏向力</td></tr>
<tr><td>演示四季形成</td><td>演示太阳直射光线与晨昏圈变化</td></tr>
<tr><td>制作时区转盘</td><td>测量所在学校的经度</td></tr>
<tr><td>测量某日学校正午太阳高度角</td><td>观察流星和彗星</td></tr>
</table>

（续表）

观察地轴倾斜角度与地面太阳光线的关系	观察恒星	高中
观察太阳黑子	观察月球表面	
辨认星座	模拟月球空间站生活环境	
利用三球仪演示地月日之间的关系	绘制地球内部圈层构造	
弹簧圈模拟地震波	GPS 测量经纬度、海拔高度	
自制简单地震仪	模拟地幔物质对流	
气象与气候		
参观气象站或大气环境监测站	制作简易晴雨表	初中
测量当地一天的气温、风向	测量气压	
测量当地月降水量	测量风力、风向	
证明热力环流的存在	影响大气温度垂直变化的因素	高中
演示三圈环流	影响局部地区小气候的因素	
近地面大气主要的、直接热源	模拟降雨	
测量阳光照射角度与气温高低的关系	制作一片云	
绘制我国年降水量分布图	模拟风的形成过程	
绘制我国气候类型分布图	演示气旋	
高空与近地面风向的差异及其影响	演示反气旋	
计算机演示气压带、风带的移动	演示冷锋天气	
制造“龙卷风”		
地质地貌		
观察岩溶地貌	观察平原地貌	初中
观察流水地貌	观察山地地貌	
观察风蚀地貌	制作流水地貌模型	
观察海岸地貌	模拟泥石流	

（续表）

鉴别常见矿物	采集当地岩石标本	高中
制作火山模型	鉴别三大类岩石	
模拟火山的形成过程	模拟沉积岩的形成过程	
模拟火山岩的形成过程	模拟沉积物分选	
模拟地震	演示风的搬运作用	
演示流水沉积作用	绘制世界两大地震带	
模拟流水搬运作用	模拟温室效应	
模拟房屋结构与地震烈度的关系	演示褶皱的形成过程	
模拟地质结构与地震烈度的关系	演示断层的形成过程	
模拟岩石的风化过程		
水文系列		
观察河水的流向	测量河流的含沙量	初中
测量河流的流速、流量	模拟水土流失与植被覆盖、坡度、降水量的关系	
利用 Google Earth 分析河流的偏向	演示海陆热力差异	高中
河流流速与沉积物大小的关系	观察河流对两岸的侵蚀和堆积作用	
心滩的发育过程	绘制世界表层洋流分布图	
自制自流井	模拟密度流的形成	
测量酸雨的 pH 值	模拟风海流	
演示世界洋流	模拟补偿流	
演示水循环过程		
土壤		
观测土壤剖面	影响土壤湿度的因素	高中

实践篇（上）

“地球与地图”探究案例

该部分教学内容是中学地理教学的难点，需要学生具备较强的空间思维能力。这要求教师通过设计有效的模拟实验、户外观测等探究活动突破难点。但同时，该部分教学内容也是中学地理教学的亮点，因为“地球与地图”部分教学内容蕴含着丰富的地理学史教学资源，一部地理学发展的历史在很大程度上就是人类对地球认识的不断深化的过程。这需要教师通过设计基于地理学史的科学探究活动，以促进学生对科学本质的理解。

地图作为地理学的第二语言，既是一种重要的地理科学探究工具，亦是地理科学探究学习得以进行的重要载体。在地理科学探究学习中，可以通过地理图表说明地理事物的特点、探寻空间分布规律与时间分布规律以及地理事物之间的联系。

如何开展“地球与地图”主题的地理科学探究学习活动？本篇精选了4个设计案例和6个实施案例，并从不同侧面进行了深入剖析，以期为广大地理教师提供借鉴。

设计案例1

巧用地理学史，加深学生对科学本质的理解

——探究之探究：从地"方"到地"圆"

浙江师范大学　张建珍

一、案例主题

人类探索地球形状的历程。

二、探究重点

人类如何探索地球的形状？

三、教学对象

高一年级学生。

四、教学目标

1. 了解人类探索地球形状的历程；
2. 知道研究方法是怎样影响研究结论的；
3. 能区别科学研究中的"误差"和"错误"。

五、探究活动设计

（一）阅读材料

1. 地"方"论（即认为地球为平面）

古希腊的米利都学派的泰勒斯（前624年～前547年）、阿那克西曼德（前610年～前546年）把地球想象成一个漂在水上的圆盘。"历史学之父"希罗多德（约前484年～前426年）认为：地球是一个椭圆的平面，拱形的苍穹倚寄其

上。在夏季，太阳每天在地球上运行时，正好通过苍穹的中央；而在冬季，太阳在寒冷的影响下，就偏离这条轨道而偏南行走。

2. 地圆论（即认为地球为球体）

古希腊哲学家亚里士多德（前 384 年～前 322 年）第一次科学地论证了地球是球体，他在《天论》里从三个角度进行了论证:（1）月食时分界线总是凸的，皆因月食由地球介入而生，分界线形状由地球表面决定，由此可知地球是球形的；（2）夜间从北向南或从南向北走，会看见有的星星从前方地平线升起，另一些星星却在后方地平线下消失；（3）船靠近时总是先看见桅杆，后看见船身，而远离时正好相反。

3. 地球有多大：地球周长的测算

埃拉托色尼（约前 273 年～前 192 年）被西方地理学家推崇为“地理学之父”，他是第一个提出利用测量法计算并较为准确地测得地球圆周长度的人。埃拉托色尼观察到夏至那天太阳的影子正好倒映在西埃尼的井水中（图 1 中的 W 点），由此他得出当日太阳光线垂直于 W 点；他以亚历山大博物馆外高耸的方尖石塔（图 1 中的 O 点）作为日晷，在夏至这一天测量了太阳影子的长度。同时，他也测出了垂直的石塔与太阳光线之间的角度。埃拉托色尼利用著名的泰利斯定理，计算出∠OCS 的大小；他计算得出弧线 OW 的长度占地球周长的 1/50。这

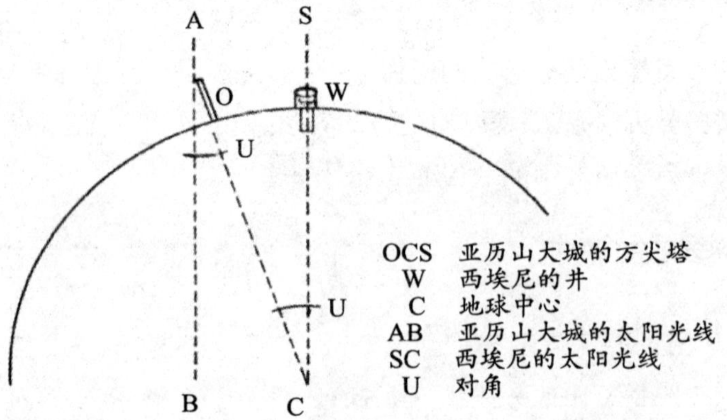

由 OCS 角构成的一般弧的距离 OW，等于一个圆周的 1/50。

图 1　埃拉托色尼计算地球周长示意图

样一来只需要知道西埃尼与亚历山大之间的距离即可，埃及人提供的数据是500英里，这样只要将这个数字乘以50即可。因此，埃拉托色尼测出地球的周长大约是25000英里（实际上通过南北两极的周长是24860英里）。那个时代的测量很不精确。埃拉托色尼假设亚历山大正好位于西埃尼的正北，然而事实上应该位于西埃尼以西约3°。而西埃尼和亚历山大之间道路的长度，埃及人认为大约是500英里，而事实上是453英里。此外西埃尼实际所处的纬度是北纬24° 5′，位于北回归线稍北。但是巧合的是这些误差相互之间恰好抵消，因此其结果十分接近正确的数字。

4. 地理大发现：发现地球

地理大发现是指15～17世纪，欧洲航海者开辟新航路和"发现"新大陆的通称。它包括1492年哥伦布（Cristoforo Colombo，约1451～1506）横越大西洋，到达中美洲巴哈马群岛的所谓发现新大陆；1498年达·伽马（Vasco da Gama，约1460～1524）绕非洲渡印度洋抵印度南端的所谓发现新航道；等等。

德国近代地理学家阿尔弗雷德·赫特纳（Hettner Alfred，1859～1941）曾说过，地理大发现以前，地球上约有3/4是未知地，地理大发现却一下子使全球都变成了已知世界。地理大发现探明了地球上大陆的轮廓，改正了世界地图上的错误，展现了多样化的世界。地理大发现对人类古代的地理学理论进行了验证和整理。由埃拉托色尼提出，后来又为托勒密所阐释的地球球形体的理论，通过地理大发现得到了证实，成为颠扑不破的真理。

5. "鸭梨"还是"西瓜"：地球形状的精确测量

（1）1669～1671年，法国科学院指定由巴黎天文台台长皮卡尔（1620～1682）领导进行了一次精密的测量，根据用天文方法测量的结果，推算出子午圈半径为6372千米。

（2）1687年，牛顿第一个提出地球椭球体概念，他认为地球是一个旋转体，由于旋转而具有离心力（斥力）；旋转中，赤道的离心力最大，两极处为零；地球是个两极扁缩、赤道凸出的椭球体。牛顿建立地球椭球概念，不只是运用了如上的演绎推理，而且还引用了法国天文学家老卡西尼（D. Cassini）观察到的木星两极呈扁平状的资料，作了类比推理。

（3）法国人最早精确测定子午线一度之长。法国天文台前后四任台长对法国境内子午线长度多次进行实测。他们比较南北两段子午线长度后发现，南段子午线一度之长长于北段。据此他们认为地球形状是两极拉长的“西瓜”形椭球体。

（4）18 世纪 30 年代，扁平椭球与拉长椭球之争。

巴黎科学院派出两支测量队，分别在北极圈附近拉普兰地区（66° N）与南美秘鲁地区（2° S）实测子午线长度，以便与巴黎子午线长度作比较，以解决纷争。拉普兰测量队于 1735 年出发，由大地测量学家、天文学家莫泊丢（Mauperuis，1698 ～ 1759）领导，著名数学家克莱劳（C1airault，1713 ～ 1765）也参加了这个测量队。该测量队使用三角测量法，实测子午线一度之长为 111918 米，这与卡西尼父子实测巴黎子午线一度之长（111212 米）相比，显然要大。但是队内坚持卡西尼“西瓜”球型概念的成员怀疑测量精度，于是又利用两个月时间：把全部数据复查一遍，同时也进行了秒摆实验。实验结果肯定了牛顿的观点，这说明在巴黎校准的摆长，在北极圈变了。北极测量队于 1737 年结束工作。

秘鲁测量队于 1734 年出发，1744 年才回到巴黎。该队实测的子午线一度之长为 110602 米，这显然比巴黎子午线要短些。这两支测量队用确凿数据解决了长达 57 年的地球形状争论。

1671 年，法国天文学家里希尔（1630 ～ 1696）受巴黎科学院派遣，去南美法属圭亚那首府卡曼（5° N）开展天文观测。他随身带有摆钟，摆长在巴黎校准为 994 毫米。到卡曼后，他发现摆钟每天慢 2.5 分钟。起初，他认为是自己的疏忽，在巴黎没有校准。于是他根据卡曼恒星经过子午线的时刻，重新校正摆长，把摆长缩短为 990 毫米。摆钟走准后，他就不再注意这个问题了。工作结束回到巴黎后，发现摆钟又不准了，每天快 2.5 分钟。他再次校正摆长，将其恢复到原来的 994 毫米后，时间又准了。

里希尔在这个偶然发现中思索：地球并非正圆体，巴黎与卡曼的重力值不同。这是个大胆的推断，因为自古以来人们都认为物体的重量在各地是恒定不变的。现在里希尔把物体重力与地球形状联系起来考察，推翻了原来的既成观念，这一观点被巴黎科学院的顽固分子攻击为背叛科学，他因此被科学院开除。

（5）“大鸭梨”的精确形状：基于卫星的测量结果。

1957 年人造地球卫星的出现，为测量地球形状的技术带来了巨大变革，并发展成为卫星大地测量学。1958 年仅根据苏联“人造地球卫星 2 号”几个星期的观测资料，就推算得出较准确的地球扁平率为 1 : 298.24。1959 年又按“先锋 1 号”卫星的观测数据，进一步推知地球的南、北半球并不对称，大地水准面在北极处隆起约 10 米，在南极处下陷 20 多米（见图 2）。

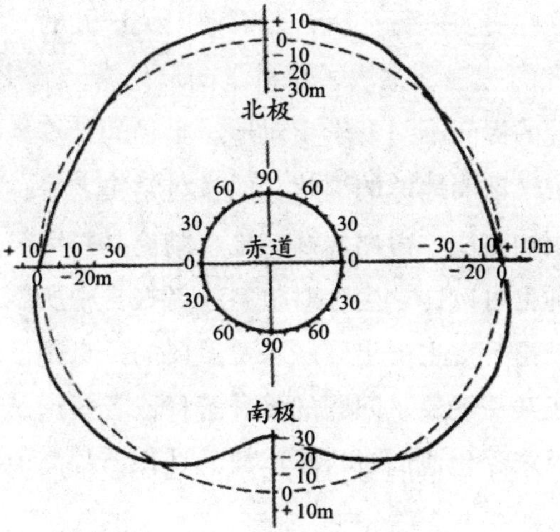

图 2　卫星观测到的地球形状

（二）思考与讨论

1. 思考

（1）里希尔何以得出地球并非正圆体的结论？其依据是什么？我们可以从里希尔身上学到什么？

（2）18 世纪 30 年代，解决关于地球形状是扁平椭球还是拉长椭球之争的方法是什么？这给了我们什么启示？

（3）请说出上述科学家在探索地球形状的过程中都运用了哪些科学方法？

2. 讨论

（1）假如你是亚里士多德，请你设计一个方案来证明地球是球形的。

（2）在现今条件下，你还有哪些方案观测地球的形状？与亚里士多德时期的方案比较有何差异？这说明了什么？

（3）你是否赞成埃拉托色尼对地球圆周的计算方法？你还有其他的方法吗？

六、设计依据

上述探究学习活动方案是根据地理学史中对地球形状的探究过程，组织其中关键性的人物和事件而形成的，是较为典型的“探究之探究”类型的地理探究学习活动设计。设计时，应首先梳理地理学史中关于人类是如何证明地球形状的相关史实，然后对这些史实进行分析，截取其中关键性的人物和事件，对其进行加工，凸显科学探究的过程、方法、对科学问题思考和解决方式的差异等环节，最后通过设计引导性的提问，引发学生对地球半径的计算经历了哪些阶段、科学家都采用了什么方法来证明地球的形状，以及科学史上每一次人类对地球形状认识的重大突破所采用的方法、得出什么结论、结论是否可靠、存在什么问题等展开思考和讨论。教师也可以让学生针对材料或者报告中所展示的研究细节——问题、数据、解释和结论等自主提出问题。最重要的一点是，教师需要给学生提供多元的视角——关于某一现象、问题的多种解释或者争论，让学生思考科学知识是如何被建构的，以求深化他们对科学本质的认识，提高他们的逻辑思维能力和批判性思维能力。

设计案例2

合理设计先导实验，为科学猜想助力

——地转偏向力真的存在吗?

浙江师范大学　吴　佳

一、案例主题

地转偏向力。

二、探究重点

地转偏向力真的存在吗?

三、教学对象

高一年级学生。

四、教学目标

1. 真切地感受到地转偏向力的存在；
2. 知道如何验证北半球地转偏向力的偏转方向；
3. 学会设置自变量，观测因变量，并控制无关变量；
4. 学会提出假设，并设计实验验证假设；
5. 学会反思。

五、探究所需的设备与条件

转盘、水、泡沫粒、吹风机等。

六、探究活动设计

（一）问题激发情境

师：用一个充气气球模拟地球自转，一位学生在气球上画直线，结果画出来的线总是偏离原来预定的直线方向，请思考上述现象的产生是由什么原因引起的。是他在画直线的时候出现了失误，还是存在着一种神秘的力量使这条直线偏离了预定的方向？

（二）先导性实验

1. 在转盘上倒一层水，并在转盘周围用不透水的材料围起一定的高度，以此来模拟地球上的水体。

2. 把泡沫粒均匀地撒在水面上，待其静止。

3. 用吹风机沿着水面吹出缓缓的风，观察水面上的泡沫粒移动的情况，将实验结果记录下来。

4. 重新把泡沫粒均匀地撒在水面上，待其静止。

5. 逆时针转动转盘（以北半球为例），保持一定的速度，这个速度以不影响实验为宜。同时用吹风机沿着水面吹出缓缓的风，观察水面上的泡沫粒移动的情况，将实验结果记录下来。

6. 学生根据两次实验结果，分析得出结论（地转偏向力的存在及方向）。

得出结论后，学生将上述实验过程梳理一遍，用图表、文字等形式表达出来。

（三）设计性实验

1. 学生小组讨论并提出猜想与假设，假设真的存在一种力量使得地球上的物体在运动的过程中发生偏向，那么在水面上运动的泡沫粒肯定会受这种力的影响，从而使自身的运动方向发生改变。

2. 引导学生思考：如何根据自己的猜想与假设，设计实验方案来验证自己的假设？你所设计的实验中，自变量和因变量分别是什么？如何控制无关变量？例如，在本实验中自变量是转盘的运动，因变量是泡沫粒的运动方向。

3. 确定假设后，学生设计实验方案，验证假设。学生自主设计的实验为：将转盘转速设定为慢、中、快三档，分别模拟地球上低纬、中纬、高纬的线速度，然后分别实验，观察并记录实验结果。

4. 展示实验产生的现象和从实验中所得出的主要结论。

5. 进一步思考：在地球上，所有地点的物体运动时都会发生偏转吗？南北半球物体运动的偏向是一致的吗？有什么证据？

七、评价标准

1. 学生在实验期间的表现，如实验技能的掌握情况、设计实验的能力、与人合作的能力、填写的实验记录单的质量等。

2. 学生在呈现实验数据以及表达、交流实验结果等方面所体现出来的能力。

八、设计依据及理由

通过生活中的地理现象引发学生思考，激起学生的探究欲望；通过设计先导性实验，让学生深刻理解地转偏向力对物体运动所产生的影响并掌握相关的实验技能；通过让学生自己提出假设，并设计实验验证假设，发展学生的实验设计能力，加深学生对科学探究的理解。整个案例旨在通过提出问题、假设、检验假设、得出结论这一严谨的探究过程，引导学生科学地思考问题，学会用科学方法去解决问题，从而使学生掌握科学的思维方式。

设计案例 3

巧用比较，于日常生活中发掘探究主题

——农历设置闰年的意义

上海市松江二中　吴玉峰

一、案例主题

我国传统历法。

二、探究重点

为什么农历会有大、小月？
为什么要设置闰年？

三、教学对象

高一年级学生。

四、教学目标

1. 通过比较不同年份农历春节所对应的公历日期，能发现公历年和农历年长度不同，并会解释原因；

2. 通过比较我国农历与伊斯兰历各自的新年与季节的不同对应关系，说明我国农历设置闰月的必要性与合理性；

3. 逐步养成阅读、分析图表资料的能力，提高语言表达能力。

五、探究所需的设备与条件

1. 2007、2008、2009 年农历与公历日期的对照表。

2. 学生已掌握关于地球公转的相关基本知识。

六、探究活动设计

（一）整体设计

1. 情境：春节与对应的公历日期有何差异？

2. 发现：公历年和农历年的长度有何不同？

3. 回忆：公历年和农历年分别是怎样规定的？

4. 猜想：春节所对应的公历日期是否会年复一年地提前？

5. 验证：春节所对应的公历日期总是处于1月下旬到2月中旬之间。

6. 探究：中国农历是如何做到使春节总是处于特定的公历日期范围之内的？

7. 反思：中国农历设置闰年的意义何在？

（二）具体设计

1. 设置问题情境——发现问题

师：春节是我国传统历法中最重要的节日，下表为2007～2009年春节与公历日期的对照表，请同学们说一说有何发现。

表1　2007～2009年春节所对应的公历日期

2007年	2008年	2009年
2月18日	2月7日	1月26日

生：2008年和2009年的春节所对应的公历日期分别比前一年提前了11天和12天。

师：这是为什么呢？

出示下面的表格，请学生说明原因。

表2　2007～2008年每月天数

		1月	2月	3月	4月	5月	6月	7月	8月	9月	10月	11月	12月	总合
2007年	公历	31天	28天	31天	30天	31天	30天	31天	31天	30天	31天	30天	31天	365天
	农历	29天	29天	30天	29天	29天	30天	29天	30天	30天	30天	29天	30天	354天
2008年	公历	31天	29天	31天	30天	31天	30天	31天	31天	30天	31天	30天	31天	366天
	农历	30天	29天	29天	30天	29天	29天	30天	29天	30天	30天	29天	30天	354天

生：公历年和农历年一年的长度（天数）是不同的。

2. 探究公历年和农历年的长度

通过师生对话的方式，引导学生说出公历平年和闰年的天数及其依据（回归年的长度）、农历每月的天数及其依据（朔望月）。

3. 引导学生思考 2010 年及后续几年的春节对应的公历日期

出示下表，其中第二行数据设计自定义放映。

表 3　2010 ～ 2014 年的春节的公历日期

2010 年	2011 年	2012 年	2013 年	2014 年
2 月 14 日	2 月 3 日	1 月 23 日	2 月 10 日	1 月 31 日

生：根据之前的内容，每年春节都会比上一年提前 11 天或 12 天。

师：实际并非如此。问题出在哪里呢？

再出示下面的表格，其中闰五月和全年总天数高亮显示。

表 4　2009 年农历各月天数

1 月	2 月	3 月	4 月	5 月	闰 5 月	6 月	7 月	8 月	9 月	10 月	11 月	12 月	总和
30 天	30 天	29 天	29 天	30 天	29 天	29 天	30 天	29 天	30 天	29 天	30 天	30 天	384 天

学生发现，在 2009 年的农历月份中，多了一个闰五月，使全年的天数增加了 29 天，这就使得 2010 年的春节比上一年不是提前而是推迟了。

4. 引导学生反思农历设置闰月（闰年）的意义

通过对话，引导学生得出下列结论：

（1）从现实的角度看，闰月（闰年）的设置，使得农历节日与季节保持同步对应。

（2）从技术的角度看，每隔一定年份设置一个闰月（闰年），可以使得平均的农历年的天数等于回归年的天数，农历日期和公历日期的“误差”被限定在一个月左右。

（3）从传统的角度看，闰月（闰年）的设置，协调了月球绕地球运动的周期（阴历）与地球绕太阳运动的周期（阳历），反映了我国传统历法的合理性。

七、评价措施与方法

1. 教师从主题内容、发现过程、提出猜想、验证假设等环节对学生进行评价；
2. 学生对所学地球公转知识的迁移能力的自我评价。

八、设计依据及理由

2008 年和 2009 年的春节所对应的公历日期分别比前一年提前了 11 天和 12 天，教师引导学生分析原因并进而提出了猜想与假设：春节所对应的公历日期是否会年复一年地提前呢？确定猜想与假设后，学生开始收集、分析资料，验证所提出的假设，并通过相关数据和资料的分析推翻原有假设；发现新的规律后便着手分析论证我国农历如何做到使春节总是处于特定的公历日期范围内，再结合所学的月球绕地球的运动周期与地球绕太阳运动的周期的知识解释产生农历和阳历的缘由，最后理解我国农历设置闰年的意义何在。教师为学生创设了发现问题的情境，让学生意识到日常生活中存在诸多有趣且有意义的探究主题，培养了学生善于观察、积极思考的品质。这一探究过程，能让学生知道许多大的地理科学问题可以通过将其拆分为较小的、更具体的地理问题的方式来解决。

设计案例 4

灵活利用校园环境，培养学生制图技能

——平面图的设计

崇明县民本中学　范莲萍

一、案例主题

绘制校园平面图。

二、探究重点

1. 怎样绘制校园平面图？
2. 在野外如何确定方向？
3. 怎样使用测量工具？

三、教学对象

七年级学生。

四、教学目标

1. 学会制作平面图；
2. 掌握测量长度与宽度以及测定方向的基本方法；
3. 进一步理解比例尺的作用，学会选用合适的比例尺；
4. 形成团队合作的能力。

五、探究所需的设备与条件

全班可分成十个小组，一个小组一个项目，每组选出组长和记录人。每组发给相应的测量工具：钟表、卷尺、指南针、绘图纸。组长负责给小组成员分工，进行总体组织和协调，带领组员共同完成探究任务。

六、探究活动设计

八个组负责长度测量工作，用两种方法一起丈量，前四组步测，后四组用卷尺。

两个小组负责测定方向，可以同时使用手表法、日影法，最后借助指南针确定。

各组完成任务后，由各小组组长汇总探究结果。在课堂上各小组交流，共享测量数据，然后再分组绘制校园平面图。

（一）测量长度与宽度

表 1　观测记录表

总任务	分组任务	具体测量内容		
测量各教学楼及学校围墙的长度和宽度（步测法）	第一组	1、2 号楼	长、宽	组长______ 记录人______
	第二组	3、4 号楼	长、宽	组长______ 记录人______
	第三组	试验楼、体育楼	长、宽	组长______ 记录人______
	第四组	围墙	长、宽	组长______ 记录人______

表 2　观测记录表

总任务	分组任务	具体测量内容		
测量操场、跑道和花园等的长度和宽度（利用卷尺）	第五组	操场	长、宽	组长______ 记录人______
	第六组	跑道	长、宽	组长______ 记录人______
	第七组	花园	长、宽	组长______ 记录人______
	第八组	各教学楼之间的距离	长、宽	组长______ 记录人______

（二）测定方向

表 3　观测记录表

总任务	分组任务	方法	具体测量内容	
测定方向	第九组	手表法	学校校门正对方向	组长________ 记录人______
	第十组	日影法	学校校门正对方向	组长________ 记录人______

测定方向的方法：

1. 用指南针测定方向，这是最直接的方法。

2. 手表法。将观测者的手表对准太阳，并使太阳指向短时针和数字 12 的中间位置，数字 12 所指的方向就是正南方。例如：下午 4 时，将太阳对准 4 和 12 的中间位置，即 2 点方向，这时 12 点就指向正南方。该方法只适用于北半球。

3. 日影法。在一平地上竖一根直棍（高 1 米以上），直棍插地点记为 O。以正午 12 时为时间中点，根据实际情况分别选取以正午 12 时为中心的对称时间点，如上午 8 时与下午 16 时、上午 9 时与下午 15 时、上午 10 时与下午 14 时、上午 11 时与下午 13 时，将其作为观察日影的时间点。上午观察到的日影顶端记为 A，下午观察到的日影顶端记为 B，将 A、B 连成直线，然后取中点 C，则 OC 线段所指方向为南北方向（线段 C 方为北方）。要注意的是，该活动只适用于北半球北回归线以北地区。北半球赤道与北回归线之间的地区，最好在秋分日至春分日的时段内使用该方法。

在此过程中可充分发挥学生的才智，让他们说一说还有哪些测定方向的方法。

（三）绘制校园平面图

各组组长与其他组员共同绘制。根据绘图纸的大小计算出应选用的比例尺的大小，并将学校四周围墙和主要地理事物按比例缩小后绘制出来，并正确地把指向标画在绘图纸上。

七、评价标准与方法

1. 各组是否在规定的时间内完成了探究任务，以及在活动中各小组是否表现出了团队意识与合作精神。

2. 从各小组绘制的平面图的规范性、准确性、用色的美感等方面对各组进行评比，选出一、二、三等奖。将较好的平面图张贴在学校内的展示窗进行展览。

八、设计依据及理由

地图是学习地理的基本工具，同时也是表达地理信息的一种基本语言。比例尺是地图的基本要素，通过绘制校园平面图，学生能进一步理解比例尺的作用，学会选用合适的比例尺，并在实际操作中掌握指南针、卷尺等测量工具的使用方法。通过活动，学生能掌握一些基本的地理技能，其中包括地图运用技能、地图分析技能、地理图表绘制技能、地理观察与调查技能、地理统计与计算技能、地理观测仪器操作技能、野外定向技能等，这些都是进一步学习地理的需要，也符合地理课程标准培养学生地理技能的要求。

实施案例 1

基于真实生活情境，提升生活探究能力

——地图的运用

南京市第二十九初级中学　董　丽

一、案例主题

地图的运用。

二、教学对象

七年级学生。

三、教学课时

1 课时。

四、教学目标

1. 能说出地图在日常生活中的用途并根据使用目的的不同选择不同的地图类型；

2. 掌握读图能力、网络运用能力、与他人合作的能力、记录探究过程及数据的能力；

3. 提高理论与实际相结合的探索能力，树立团队合作意识；

4. 在探究活动过程中体验自身的价值、学习的快乐和成功的喜悦。

五、教学重点、难点

在实际生活中如何运用地图。

六、教学资源的准备

本课是在完成七年级上册第一章第三节后进行的一次探究活动。

探究活动条件：地图、经费。

课堂教学条件：多媒体设备。

七、教学过程

（一）导入新课

师：前几节课，我们已经学习了如何利用地图判断方向、计算距离以及如何选择合适的地图并从地图上获取信息。

地图的种类有很多，不同的地图能够反映不同的信息。只有根据使用目的正确地选择地图，才能准确地获得有用的信息。之前布置了分组探究活动，首先要问同学们的是：如何选择地图？

其实选对地图只是第一步，关键的是要看选择的路线和运用的交通工具是否合理，花了多少时间、多少钱，是否符合低碳的原则。我们可以直接看地图上的公交线路和地铁线，走近路；也可以先看地图，再上网查询，得到多种方案，之后再进行比较。

现在出行，既可用纸质地图，也可用电子地图（包括GPS导航仪），但也发生过被导航仪误导的事件，所以我们应该学会读地图，人脑与电脑结合，才能少出差错。

（二）汇报探究过程

第一组代表：我们组的路线是从玉泉路站乘11路到鼓楼，坐地铁1号线到达新街口站，再转地铁2号线到达孝陵卫站。

所需时间：步行到达玉泉路站花了3分钟，等了3分钟上了11路（2站），9分钟后到达鼓楼站，8分钟后坐上地铁1号线（2站），5分钟到达新街口站，6分钟后坐上地铁2号线（6站），18分钟后到达孝陵卫站，下车后步行5分钟到达南京理工大学。共耗时57分钟。

所花车费：11路空调车2元/人，地铁1号线2元/人，地铁2号线3元/人。共计7元/人。

全部乘坐公共交通工具，符合低碳原则。

第二组代表：我们组的路线是从玉泉路站乘坐 65 路到达总统府站，转乘游 2 路到达孝陵卫站。

所需时间：步行到达玉泉路站花了 3 分钟，等了 3 分钟上了 65 路（8 站），35 分钟后到达总统府站，3 分钟后坐上游 2 号线（8 站），32 分钟后到达孝陵卫站。下车后步行 2 分钟到达南京理工大学。共耗时 78 分钟。

所花车费：65 路空调车 2 元 / 人，游 2 线 2 元 / 人。共计 4 元 / 人。

全部乘坐公共交通工具，符合低碳原则。

第三组代表：我们组的路线是从莫干路站乘坐 78 路到达汉中门站，转乘地铁 2 号线到达孝陵卫站。

所需时间：步行约 10 分钟到达莫干路站，等了 5 分钟坐上 78 路（5 站），22 分钟后到达汉中门站，7 分钟后坐上地铁 2 号线（8 站），25 分钟后到达孝陵卫站，下车后步行 5 分钟到达南京理工大学。共耗时 74 分钟。

所花车费：78 路空调车 2 元 / 人，地铁 2 号线 3 元 / 人。共计 5 元 / 人。

全部乘坐公共交通工具，符合低碳原则。

第四组代表：我们组的路线是从校门口打车到汉中门站，然后乘坐地铁 2 号线到达孝陵卫站。

所需时间：出发后约 16 分钟，到达汉中门地铁站，5 分钟后坐上地铁 2 号线（8 站），26 分钟到达孝陵卫站，下车后步行 5 分钟到达南京理工大学。共耗时 52 分钟。

所花车费：12 人打 3 辆车共 33 元，平均 2.75 元 / 人，地铁 2 号线 3 元 / 人。共计 5.75 元 / 人。

主要是乘坐地铁，也考虑到了低碳原则。

（三）比较、讨论探究方案

表 1　不同方案对比表

	线路	交通工具	耗时	费用
第一组	11 路、地铁 1 号线、地铁 2 号线	公交车、地铁	57 分钟	7 元 / 人
第二组	65 路、游 2 路	公交车	78 分钟	4 元 / 人
第三组	78 路、地铁 2 号线	公交车、地铁	74 分钟	5 元 / 人
第四组	打车、地铁 2 号线	出租车、地铁	52 分钟	5.75 元 / 人

各小组讨论热烈，同学们发言踊跃，各抒己见。

（四）教师点拨

师：同学们的观点存在差异是正常的，因为各小组优先考虑的因素有所不同，所以在日常生活中，也应根据需要灵活选择。

（五）拓展思考

师：这次探究活动，同学们一定收获颇多，可课堂的时间有限，同学们课后可继续交流。

师：这次探究活动是在假日进行的，如果碰到交通高峰，又该如何选择呢？哪种方案更可行呢？这个问题留给同学们课后探讨。

八、教学反思

新课程倡导学习"对生活有用的地理"和"对终身发展有用的地理"，地理课程要提供给学生与其生活和周围世界密切相关的地理知识，特别是基础的地理知识和技能，以增强学生的生存能力。这要求我们必须改变地理教学方式，根据学生的心理发展规律，着眼于学生的全面发展和终身发展，结合地理学科的特点，创设有助于学生自主学习、主动探究地理问题的学习情境；联系实际安排教学内容，引导学生从现实生活的经历与体验出发来开展学习活动，激发学生对地理问题的兴趣，培养其地理学习能力，鼓励他们积极探究。

地图是地理学科独有的一种语言，是学习地理知识强有力的工具，也是日常生活、生产以及学习地理不可或缺的得力助手。所以，教师应尽可能地使学生学习地图的过程变成一个使用地图的过程——边学边用、边用边学、在学中用、在用中学。为此，应该鼓励学生在日常生活中多使用地图，养成使用地图的习惯，提高其读图、用图的能力。

本次探究活动是成功的，因为学生多方面的能力得到了锻炼，如在制订方案过程中表现出来的读图能力和网络应用能力，在探究过程中表现出来的合作能力与记录探究过程及数据的能力，在汇报时呈现探究数据以及表达、交流探究结果等方面的能力。这个案例给了学生深刻的体验，并使学生在切身体验的认识过程中获取了知识、锻炼了能力，感受到了自身的价值、共享的甜蜜、学习的快乐以及成功的喜悦。

九、专家点评

随着科学探究学习在世界范围内的推进，人们越来越清晰地认识到：科学探究学习的目的并不仅仅是培养少数科学家，而是提高国民的整体科学素养，并将科学探究的精神推广至各行各业。这种思想反映到科学探究学习中，一个突出的特点就是科学探究的生活化，表现为科学探究的问题来源于生活、科学探究的目的为了改善生活。如此，在生活中进行探究便成为科学探究学习的重要形式。

从地理学科的特点来看，其与生活实践联系密切，是一门实践性极强的学科，其中有许多可在真实的世界中直接进行探究的主题。读图、看图技能既是重要的地理科学探究技能，也是重要的生活技能。本课例主要是为了培养学生学会如何在生活中根据需要选用不同类型的地图，并用地图解决生活中问题的能力。该教师在教学时，巧妙地设计了方案，力求让学生在真实的生活情境中进行探究。总之，该课例旨在通过探究让学生知道如何根据需要来选择不同类型的地图，如何利用地图解决生活中的问题（如出行路线的选择等）；通过探究让学生掌握制订计划、分析论证、表达交流等探究能力；通过探究让学生体会学科知识与生活之间的联系，较好地实现了三维教学目标。

（点评人：浙江师范大学　张建珍副教授）

实施案例 2

动手操作，探究过程注重体验

——如何在地图上量算两地之间的距离

南京市第二十九初级中学　孔　霞

一、案例主题

如何在地图上量算两地之间的距离。

二、教学对象

七年级学生。

三、教学课时

2 课时。

四、教学目标

（一）知识目标

1. 掌握在地图上量算两地之间距离的方法；

2. 学会在地图上量算两地的距离，并能将其换算成实际距离。

（二）能力目标

1. 通过对纸质地图和电子地图的识别和判读，提高阅读和运用地图的能力；

2. 在不同地图上量算两地之间的距离，提高在现实生活中运用地图提出问题、分析问题和解决问题的能力。

（三）情感目标

1. 通过读图、操作等实践活动，懂得地理知识的掌握必须具备科学的方法和严谨的态度；

2. 通过小组讨论，形成互帮互助的意识，从而在学习中找到乐趣，提高学习地理的积极性。

五、教学重点、难点

如何在纸质地图和电子地图上量算两地的图上距离（包括直线距离和曲线距离）？

六、教学资源的准备

1. 刻度尺（多把）、细线（若干）、比例尺大小不同的两种中国地图（最新版，分别 4 张）、红笔、电脑；

2. 让学生把本组的活动过程做成 PPT，分组汇报。

七、教学过程

（一）问题激发情境

师：2011 年 6 月 30 日，京沪高铁正式开通运营，途径京、津、冀、鲁、皖、苏、沪，从北京到上海直达不到 5 个小时。京沪高铁的开通，使得从北京到上海的时间大大地缩短了。

每年暑假我都要回一趟老家（曲阜），原来坐火车要 6 个小时左右，现在坐高铁不到两个小时，大大地节省了时间。旅途的辛苦变成了快乐。

（二）活动步骤

1. 问题探究：在地图上有哪些量算两地距离的方法？（学生查阅资料）

2. 学生汇报查阅资料的结果，师生共同分析并总结。

3. 具体操作阶段：将学生分成四组。

（1）两组在纸质地图上量算距离，探究量算距离的方法。

①每组一把刻度尺、一根细线、一张地图、一支红笔。

②在地图上，学生在北京、上海图例符号的中心点用红笔标出，然后用刻度尺量出两点之间的图上距离。

③在地图上，一位学生将细线的一端压在北京图例符号的中心点，另外一

位学生将细线按在铁路线的轮廓上，并尽量和铁路线的图例符号吻合，当细线的另一个端点和上海吻合时，用红笔做标记。

④为了减少误差，小组的每个学生都测一次。

⑤分别展开细线，用刻度尺量出细线的长度，即图上距离。

⑥实际距离＝图上距离/比例尺。

⑦待用公式计算后，记录下所有人计算的实际距离。

（2）两组查阅电子地图，在不同的电子地图上量算距离。

学生思考：影响量算距离精确度的因素有哪些？

4. 成果展示：各组公布方案及结果。

5. 学生思考：为何各组所计算的距离不同？

6. 教师引导汇总：在纸质地图和电子地图上影响量算两点距离精确度的因素分别有哪些？

八、教学反思

地图是地理课程的第二语言，是学生学习地理课程的重要工具。既然是工具，就应该让学生学会使用它。在这堂课中，我把真实的地图摆在学生面前，让他们在操作、探究发现、讨论交流、合作互助、观察的过程中学习使用这个工具，能够培养学生获取新知识的能力以及交流与合作的能力。

本部分内容是在完成初中一年级地理第一单元一、二两节的相关知识学习的基础上，学生接触的一个新内容。前一部分内容经纬线部分对于七年级的学生来说相对比较难，从而挫伤了一部分学生学习地理的积极性，而"如何在地图上量算两地之间的距离"这一主题相对比较贴近学生的生活，能调动学生的学习兴趣，使学生进一步理解初中地理课程标准中"学习有用的地理"的宗旨。

在地理学习中经常使用地图可以让学生掌握最基本的地理技能。在使用地图时，经常需要在地图上确定两点间的实际距离，随着信息时代的进步，地图学也在发展，现在除了纸质地图，还出现了电子地图。该案例涉及的就是如何在这两种地图上测量两点之间的图上距离，从而算出两点之间的实际距离。学以致用，有利于培养学生勤于思考、分析问题的习惯，有利于提高学生的创新意识和创新思维能力。

探究活动实施过程中的不足与缺陷，我认为是班级人数太多，时间又比较紧张，未能使每个学生都有充分展示的机会，而且草草收尾，有点虎头蛇尾的感觉，在今后的教学中要适当注意，如可以采取分次分组的方式，给每一位学生都提供展示自己的平台。

总之，这次探究活动不仅提高了学生学习地理的积极性，使学生进一步认识到地图是现实生活不可或缺的工具，并且使学生思考问题、解决问题的能力得到了进一步提高，语言表达能力得到了锻炼，在活动中与人合作、团体意识也有所增强。

九、专家点评

对学生创新能力和自主学习能力的培养是现代教学的重点，根据《基础教育课程改革纲要（试行）》提出的要求，探究性学习方式越来越受到广大地理教师的重视。从狭义上讲，探究性学习可以调动学生学习地理的积极性，有利于学生创新意识和创新精神的培养；从广义上讲，探究性学习有助于使学生重新认识地理课程的社会价值及其科学意义，让地理学丰富的内涵及社会应用价值重新呈现在学生面前，这有利于国民地理科学素质的提高。因此，地理探究性学习对当代教育改革无疑有重要的意义，科学地设计地理探究性学习活动对实践新课程标准同样有重大的意义。

该案例设计的优点如下：

1. 注重书本知识的迁移和应用

设计探究性学习活动，需要在内容上与已经学过的书本知识相互衔接，即注重书本知识的迁移和应用。就像这个案例一样，在学习了“地图的三要素”之后，对课本知识进行升华，探讨“如何在地图上量算两点之间的距离”，这种将课堂学习和课外探究性学习结合起来，将书本知识和实践经验结合起来的方式，不仅有利于学生灵活掌握和应用书本知识，而且还有利于学生建立合理的知识结构。

2. 强调实践过程和学生的真实体验

与课堂知识传授相比，探究性学习更容易让学生形成稳定的情感、态度和价值观念。所以，在选择现实地理问题设计探究性学习活动时，教师首先需要精心设计和编排背景材料和问题，以增强学生的社会责任感和使命感，并在解决问题的过程中使学生形成主动学习的意识。其次，应重视让学生从自己的亲身经历中获得知识，进行合作式学习。该案例从学生比较熟悉的交通线路入手安排教学内容，易于激发学生的学习兴趣。

3. 符合学生的身心发展特点和接受能力

初中生的学习兴趣渐趋稳定，理性认识逐渐取代感性认识成为认知结构的主导，思维呈现出思辨性，身心发展接近成熟。为该阶段学生设计探究性学习活动，要适应该阶段学生的身心发展特点和接受能力，问题的难易要适度，背景材料的组织要有逻辑性，应能够启发学生的理性思维，可引导学生步步深入，解决问题。

总之，该案例是根据学生和教学内容的特点来设计的，能充分发挥探究性学习在促进学生发展和地理知识掌握上的积极作用。

（点评人：华东师范大学　夏志芳教授）

实施案例3

化抽象为具象，以任务驱动探究

——利用地形图探究地表形态

宁夏银川市第三中学　张　娜

一、案例主题

利用地形图探究地表形态。

二、教学对象

七年级学生。

三、教学课时

1课时。

四、教学目标

1. 初步掌握等高线地形图的绘制方法与原理，能在等高线地形图上识别地势的高低起伏和坡度陡缓，识别山峰、山脊、山谷等地形；

2. 初步掌握分层设色地形图的绘制方法，学会看分层设色地形图，并能在分层设色地形图上判读出平原、高原、山地、丘陵、盆地等地形。

五、教学重点、难点

教学重点：在等高线地形图上识别地势的高低起伏和坡度陡缓。

教学难点：在地形图上识别主要的地形类型。

六、教学资源的准备

1. 山地模型、馒头、碗等一些实物；

2. 多媒体课件。

七、教学过程

（一）动手探究，理解概念

在探究开始之前，先把准备好的馒头、碗、圆柱体等按模型的要求摆好，让学生在体验中观察并将立体的"馒头山"画成平面图。

探究一：如何准确地用平面图表现地面的高低起伏。

教师行为：用课件演示如何绘制平面图。

学生行为：将馒头分层摆放，然后描出每一层的边缘线。可以把馒头摆放成各种形状并描出边缘线，再观察形成的图形有什么特点。最后在教师的启发与引导下，了解等高线地形图的绘制方法及原理，并掌握等高线和等高距的概念。

探究二：观察"圆柱山""碗盆地"等高线的画法，考虑不同形态的地形在等高线地形图上的特征，从而探究山地与盆地、陡坡与缓坡、山谷与山脊、陡崖、鞍部在等高线地形图上的异同。

先让学生总结不同形态的地形在等高线地形图上的特征，教师再加以补充。

探究三：如果馒头只有一层，那代表的地形是什么？等高线地形图上有密密麻麻的线和数字，不好读，有什么解决办法？通过这些问题，教师可引出分层设色地形图。阅读分层设色地形图的方法：一是看颜色认海拔高度，二是看颜色递变识地势起伏，三是看颜色辨主要地形。

（二）任务探究，激发兴趣

探究任务一：

图1为我军侦察员冒着生命危险侦察绘制的敌军军事部署图。假如你是我军指挥员，请仔细读此图，思考以下问题：

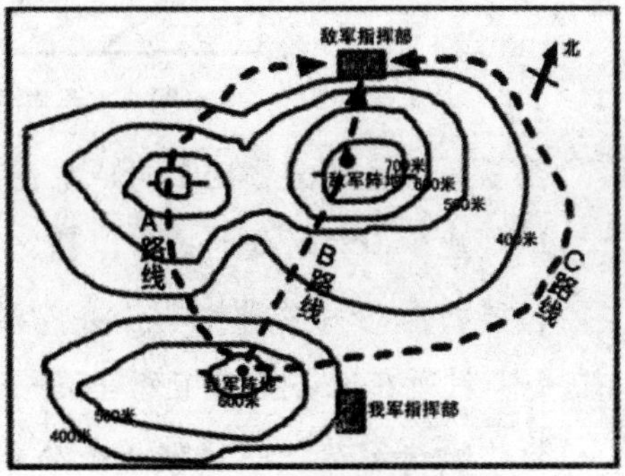

图1　军事部署图

1. 敌军阵地在我军阵地的什么方向？依据是什么？

2. 敌军指挥部所在地的海拔高度约为多少米？与我军阵地的高度差为多少

米？你是如何计算的？

3. 我军如果只考虑地形因素，可以选择哪条进攻路线？请说明理由。

探究任务二：

图 2 为贺兰山局部地区的地形图，请仔细读图，并回答：

1. 旅行的第一站是农家乐山庄，那儿的海拔大约是多少米？

2. 小乐是攀岩爱好者，请你在图中找找有没有合适的地方，并说说理由。

3. 有几位想爬山的退休老教师，他们有三条路线可以走，请你帮他们选一条最合适的。

4. 有两支队伍沿线路①和线路②向山顶进发，途中突降暴雨，哪条线路可能发生山洪？说说理由。

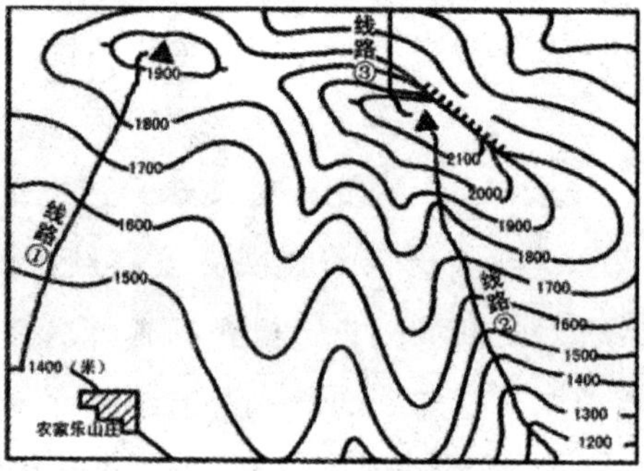

图 2　贺兰山旅游图

探究任务三：

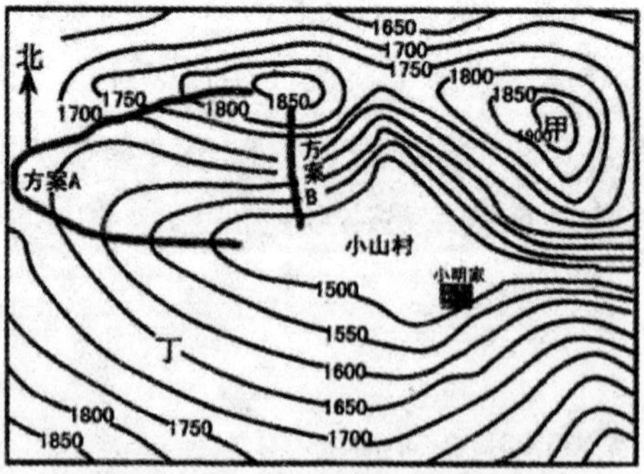

图 3　西吉县某贫困山村规划图

图 3 为西吉县某贫困山村地形图，请利用图上信息解决以下问题：

1. 这座小山村所处的地形以什么为主？

2. 该村人想大量种植马铃薯以提高经济收入，仅考虑地形因素，你认为应该在小山村所在地还是在丁处种植？说明理由。

3. 政府决定给该村修建一条公路，选择哪一个方案修建起来比较容易？解释一下原因。

4. 小明家现在的气温是 26.6℃，如果海拔每升高 100 米，气温便下降 0.6℃，你能不能计算出甲地的温度。

总结评价：分组探究，各小组探究完成后汇报结果，根据汇报进行组评、生评、师评，最后进行总评。

八、教学反思

1. 七年级学生的学习热情较高、思维活跃，但由于年龄较小，立体空间概念较弱。等高线地形图的绘制实际上是将立体图形变成平面图的过程，这对于初中生来说过于抽象；再者，初中生第一次接触等值线，理解起来难度很大。

2. 在等高线地形图的应用这一环节中，我联系生活实际，从学生感兴趣的军事、旅游等问题出发设计了 3 个等高线地形图案例，其中有学生熟悉的乡土地理，如贺兰山旅游、西吉县小山村规划问题，有学生感到神秘的军事问题。将等高线地形图特征的学习融入解决任务的案例探究活动中，不仅使学生巩固了知识，还让他们真切感受到了学习等高线地形图的作用与意义。

九、专家点评

该教学课例向我们展示了如何让学生利用探究更好地形成和理解科学概念，以及如何让探究变得饶有趣味。

等高线是七年级地理课程中的一个难点，需要学生具备一定的空间思维能力。对于初学地理的学生来说，在头脑中建立立体的概念难度较大。该课例中，张老师首先通过课件将抽象的平面地形图的绘制过程形象、生动地表现出来，让学生立体、直观地认知绘制过程，加深理解。其次，张老师巧妙地利用生活中常见的"馒头山""碗盆地"等形象的实物加以启发引导，让学生理解等高线地形图与实物之间的关系，同时通过操作使学生获得积极的体验。最后，学生用自己的话叙述不同形态地形在等高线地形图上的特征的过程实际上是一个知识的再认知、内化的过程，有利于深化其对等高线地形图的认识。

如何让探究活动饶有趣味？张老师精心为学生设计了三个任务，每个任务都赋予了学生一定的角色和逼真的社会情境，极大地激发了学生的探究热情。

（点评人：华东师范大学　夏志芳教授）

实施案例 4

突出地理学科特点，尊重学生主体地位

——通过卫星云图识读天气状况

南京市第二十九初级中学　童佳佳

一、案例主题

通过卫星云图识读天气状况。

二、教学对象

七年级学生。

三、教学课时

1 课时。

四、教学目标

1. 知识与技能

能在卫星云图上识别陆地、海洋、云区；能用天气符号来表示某种天气状况。

2. 过程与方法

能在某一时间的卫星云图上，识读出给定区域的天气状况，并用正确的天气符号来表示；能总结给定时间内的天气特点。

3. 情感、态度与价值观

小组合作，树立团队协作的意识；不仅能解释天气与生产、生活的密切关系，还能将其运用于生产与生活，形成热爱生活、热爱科学的思想情感。

五、教学重点、难点

教学重点：识读卫星云图上给定区域的天气状况。

教学难点：正确使用天气符号。

六、教学资源的准备

探究活动条件：表格、给定网址。

课堂教学条件：多媒体设备。

七、教学过程

（一）课前准备

1. 学习最基本的有关卫星云图的知识。展示图片（图略）。

七年级上册的"多变的天气"一节，提到了在卫星云图中，绿色表示陆地，蓝色表示海洋，白色表示云区。不同地区，云层厚度是不同的，云的颜色越白，表示云层越厚，云层厚的地方一般是阴雨区。另外有些特殊的，如台风，是一片呈螺旋型旋转的巨大云团。

2. 让学生在卫星云图上找到拉萨、漠河、北京、南京、海口的大概位置，并说出当地的天气状况。

3. 将学生分成若干小组，每个小组均选出小组长。

4. 布置任务：以拉萨、漠河、北京、南京、海口为例，从 10 月 24 日到 10 月 30 日这一周，每天跟踪卫星云图，判断天气状况，填写表格，做好记录（包括气温以及风向、风力）。

5. 指导学生整合表格，撰写探究报告，可将报告制成图文结合的精美幻灯片。

6. 学生思考：拉萨、漠河、北京、南京、海口在这段时间内的天气有什么特点？

（二）活动设计

1. 学生小组讨论，教师分配任务，下发表格（表 1，见下页）。

2. 学生根据所学知识，在卫星云图上找到拉萨、漠河、北京、南京、海口的位置，判断天气状况，并用天气符号表示（可先自己判读，再进行对比，如果错误，在可能的情况下分析错误原因），然后查询气温、风向、风力等准确数据，做好记录。

表 1　城市天气状况统计表

记录人：

地点	天气状况	气温	风向	风力
拉萨				
漠河				
北京				
南京				
海口				

3. 各小组展示所探究的成果，上交表格，并根据探究数据制作图文结合的精美幻灯片。

4. 各小组推荐代表进行陈述，内容为分析的结果和得出的结论，如拉萨、漠河、北京、南京、海口在这段时间内天气的特点。

5. 集体讨论，各抒己见。

6. 评选优胜组。

（三）课堂汇报

（播放视频——中央电视台《天气预报》）

师：在现代生活中，卫星云图已通过电视走进千家万户，天气预报更成为收视率最高的节目之一。但是，又有多少人能看懂卫星云图呢？

（出示卫星云图）在卫星云图中，不同颜色代表的含义各是什么呢？

生：绿色表示陆地，蓝色表示海洋；白色表示云区，不同地区的云层厚度是不同的，云的颜色越白，表示云层越厚，云层厚的地方一般是阴雨区。

师：另外有些特殊的，如台风，是一片呈螺旋型旋转的巨大云团。

从刚才的回答中可以看出，大家对卫星云图的认识，从理论角度来说，已经很不错了，但是实践中是不是如此呢？之前给大家布置了一个探究活动，现在就来展示大家的成果吧！

八、教学反思

1. 地理教学要突出地理学科特点，运用多种教学方式、方法和教学手段，重视学生创新精神和实践能力的培养。

在本探究活动中，先由教师进行集体理论指导，然后布置任务，重在考察学生的实践能力以及团队协作精神。汇报的过程，还可以体现出学生计算机操作技术的熟练掌握程度以及语言表达能力。这是对学生能力的综合考察。

2. 运用所学地理知识解决现实生活中的问题，是地理教学的重要目标之一，也是地理学习评价的重点。

新课程标准指出，应让学生学习对生活有用的地理，学习对终身发展有用的地理。地理课程要提供给学生与其生活和周围世界密切相关的地理知识，并侧重基础性的地理知识和技能的传授，力求增强学生的生存能力，使所学内容不仅对学生现在的生活和学习有用，而且对他们的终身学习和发展有用。正如之前所讲的“天气与气候”一节，与生活息息相关，掌握了相关理论知识和实践技能，对日常生活及生产都将起着重要的指导作用。

3. 应发挥学生在学习中的主动性。充分发挥学生的主体地位，是优化教学过程、提高课堂教学效率的关键，也是深化教学改革的趋势。近年来，随着教学改革的深入，大家越来越重视学生在课堂中的主体地位，以求让学生主动地思考、探索，使其成为教学过程的积极参与者、学习的主人，并在教师的引导下获得知识、发展能力、体现自我。

九、专家点评

1. 学生学习方式新颖

本次探究活动能根据学生的心理发展特点，联系实际安排教学内容，引导学生从现实生活的经历与体验出发，激发学生对地理问题的兴趣，意在培养学生的学习能力，使他们了解地理知识的功能与价值，形成主动学习的态度。

2. 教学方法灵活

在课程内容选择、教学方法渗透和教学评价中，充分考虑了现代信息技术的影响，为提高学生自主学习的意识和能力创造了适宜的环境，并善于根据事实情况的变化选取不同的教学方法。

3. 注重对学生学习过程的评价

对学习的评价，既要关注学习结果，也要关注学习过程，以及情感、态度、行为的变化。该课例实现了评价目标多元化、评价手段多样化、形成性评价和终结性评价并举、定性评价和定量评价相结合，创设了一种“发现闪光点”“鼓励自信心”的激励性评价机制。

4. 教学建议

在学生的探究过程中，可增加一些与天气有关的生活、生产中典型的案例，一方面可以联系实际，另一方面能考察学生对知识的应用情况。

（点评人：华东师范大学　夏志芳教授、山东泰山学院　徐健副教授）

实施案例 5

转变教师角色，促进学生学会学习

——运用地图探究地理环境地域分异规律

北京师范大学（珠海）附属高级中学　孔祥卓

一、案例主题

地理环境的地域分异规律探究。

二、教学对象

高一年级学生。

三、教学课时

1 课时。

四、教学目标

（一）知识与技能

1. 能说明自然地理环境的地域差异特点；

2. 掌握阅读、分析、运用地图的技能；

3. 提高与人协作的能力和语言表达能力，并学会在学习中发现问题和解决问题。

（二）过程与方法

1. 运用实例和地理资料说明地域差异的表现；

2. 合作探究，能正确分析地域差异形成的原因；

3. 运用地理环境差异性的原理，分析人类生活和生产中的现象；

4. 运用适当的方法和手段，表达、交流、反思自己学习本节课的体会和见解。

（三）情感、态度与价值观

1. 感悟生活中的地理，提高地理审美情趣；

2. 激发探究地理问题的兴趣和动机，养成求真、求实的科学态度。

五、教学重点、难点

运用地图探究地理环境的地域分异规律的过程及地域差异规律的应用。

六、教学资源的准备

珠海、北京、新疆、黑龙江、青藏高原、世界各大洲最具特色的地理景观图，世界陆地自然带和自然景观图；世界年均降水量分布图、中国西北降水量分布图；长白山生态景观视频（标注海拔高度范围）、长白山高山红地毯景观带图（标注海拔高度范围）、长白山岳桦林带图（标注海拔高度范围）、长白山针叶林景观带图（标注海拔高度范围）、长白针阔混交林带图（标注海拔高度范围），珠峰南北坡自然带图（标注海拔高度范围）；世界年平均气温分布图、世界年太阳辐射分布图、五带的划分图等。

七、教学过程

（一）发现、提出问题阶段

将学生分成8组，每6人一小组，让学生自己选出小组长。

提供珠海、北京、新疆、黑龙江、青藏高原、世界各大洲最具特色的地理景观图图片。

师：同学们在欣赏这些景观图片时，发现了什么？

生：珠海和北京的植被不同；新疆沙漠广布，而广东没有；黑龙江有冰雪，珠海没有；非洲植被稀少，而欧洲植被覆盖较好。学生的回答大体可分为下面两种情况：

第一种情况——不同区域地理景观的差异；

第二种情况——某一区域最突出的某个特征。

教师可在学生回答后，进一步抛出问题。

师：那么自然地理环境的差异在分布上有哪些规律？这些规律是怎样产生的？产生这些地域分异规律的主导因素是什么呢？在人类的生产生活中哪些事例也体现了这些方面的差异？

（二）规律探究阶段

师：同学们，我们以小组为单位，各小组从提供的学习资料中自选材料，并从以下四个角度逐一探究：分布规律——规律产生——形成的主导因素——应用。

大家可以根据地图先猜想、假设可能的分布规律，然后再利用相应的地图分析、论证这些规律，并收集证据找出规律产生的主导因素，联系生活实际说明这些规律在人类生产、生活中的实际应用。

同学们也要注意，如果假设的规律没有充分的依据加以验证，应及时调整思路。小组内要充分合作、组间竞争，但组与组之间也要沟通合作。我们一共有8个小组，在组间沟通的过程中，如果观点相同，可以融为一组，取长补短；也可以比一比哪组得出的结论更准确、依据更充分。

1. 分组提出猜想与假设

一组、四组、七组假设：南北差异；

二组、三组假设：东西差异；

五组、八组假设：山地垂直方向的差异；

六组假设：不明确。

2. 收集证据，分析论证

组内紧密合作，逐个地图筛选，并讨论是否要补充论据。教师应走到学生中间，给予鼓励，但不能打断学生的思路。

对活动开展顺利的小组，应及时予以表扬；对角色分工不清、混乱无序的小组，应帮助组内学生明确角色，使他们尽快进入有效的讨论；对讨论偏离主题的小组，应及时适当加以指导，将他们引回到学习任务中来；对讨论时出现的本节课要求深入探讨的问题，应拿出来供全班同学思考、讨论，引导各小组关注该问题，让学生自己找到规律、解决问题。

3. 规律生成，表达交流

在学生分组探究后，可让学生陈述本组观点，与其他各组交流。教师应提醒各小组注意将规律生成规范简洁的地理文字和图表，并派代表利用展台或者课件中的学习材料向大家介绍本组探究的结论。介绍过程中，本组成员可适当补充说明，其他组可以提出质疑。

师：哪组先来介绍本组的学习成果？

生（一组）：珠海、北京、黑龙江北部自然景观有差异，所以我组得出从低纬向高纬度的气候分布规律（同时利用课件，明确两地的自然带名称），不同纬度间主要是气候类型的差异，形成这种分布规律最主要的原因是纬度高低引起的太阳辐射的差异（利用中国年太阳辐射分布图讲解说明），形成了农业活动的差异，如南稻北麦。

……

（三）规律总结阶段

师生对发表的结论进行共同探讨、修正、补充、完善。

	从赤道到两极地域分异	从沿海到内陆地域分异	垂直地域分异
定义	沿纬度变化方向更替	沿经度变化方向更替	沿海拔变化方向更替
图示			
成因	纬度位置引起的热量差异	距海远近引起的水分差异	海拔高度引起的水、热变化

图1　地理环境分异规律总结图

（四）规律应用阶段

引导学生联系实际、结合课堂案例，自主讨论、探究相应习题，并总结地理环境差异性的实践意义。应使学生在掌握知识后，懂得人类的活动应建立在因地制宜的基础上。

（五）评价标准

1. 学生在探究过程中的表现（　　）

A. 调用地图的能力　B. 分析地图的能力　C. 结论验证的能力

D. 综合运用已学知识的能力　E. 学案完成的质量、绘图能力

F. 运用当堂探究结果解决实际问题的能力　G. 合作能力

2. 表达能力（　）

A. 呈现地理规律的能力　B. 分析和表达地理现象的能力

C. 交流探究结果的能力等

八、教学反思

通过这节课的探究活动，我颇有感触，其中有收获的欣喜，也有诸多不足之处与困惑。

（一）收获

1. 真正实现了教师角色的转变

本节课充分体现了师生间的民主与平等的关系，教学中师生之间、学生之间进行了多项信息的交互传递，教师不再以高高在上的权威形象出现在学生面前，而是与学生共同探索。面对学生激烈的辩论，我给予了学生一定的自由度，少有评判，保持必要的"缄默"。鼓励学生伴随着各种观点的碰撞与争论，得出合理的认识和结论。"发现了什么"——"明白了什么"——"小组成果"这一过程，大大提高了学生的创新能力和实践能力。而且当成果发布人表述不清或者陷入僵局、无人发言以及小组内部有疑问时，我都"牵线搭桥"，着力激发组间竞争，不急于把结论告诉学生，而是成为学生的指导者、合作者和学习的促进者。

2. 学习效果好

在不同的探究阶段、探究环境下，虽然投入的精力相同，但学习效果的差异是很大的。图 2（见下页）表明探究式学习学习效果在后期显著，而图 3（见下页）充分显示建立在一定基础知识上的探究学习，学习效果更好。结合学科内容的特点和学生先前的知识基础来设计，可降低探究的难度，提高学生探究的有效性。在学生学习必修一前四个单元后，教师可将学生带入一个与他们之前积累的知识经验相关联的问题情境之中，让学生自己去发现解决问题的程序，促使他们独立思考，使学习过程变得更有意义。

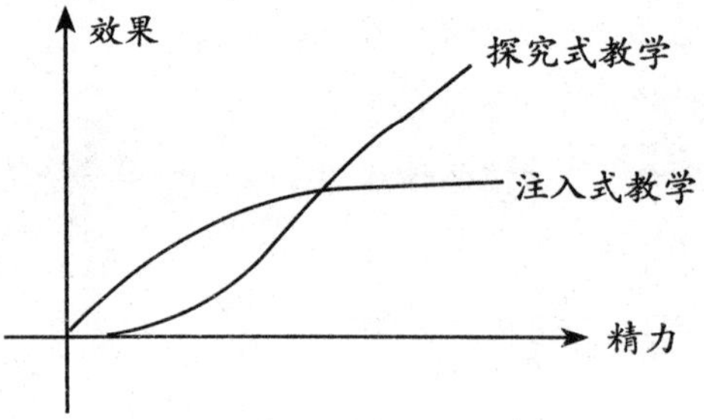

图 2　探究式教学与注入式教学效果对比图

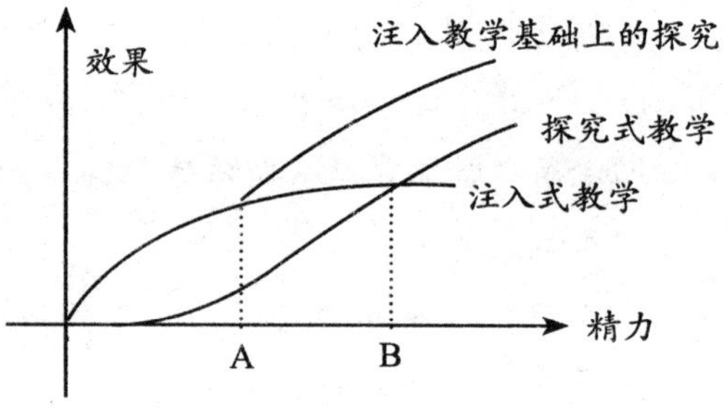

图 3　注入式教学对探究效果影响统计图

3. 理论联系实际，促进学生学以致用

新课程的基本理念要求培养现代公民必备的地理素养，满足学生不同的地理学习需要，重视对地理问题的探究，强调信息技术在地理学习中的应用，注重学习过程与学习结果相结合的发展性评价。它更尊重学生多样化发展的需求，更贴近社会实际和学生的生活经验，更多地反映了地理科学和技术的新进展，更重视培养学生的创新精神和实践能力，更强调学习是一个主动建构知识、提高能力、形成正确的情感态度与价值观的过程。本节课的探究源于生活和社会实际，提升了学生探究学习兴趣的同时，也有效地促进了学生的发展。让学生掌握了学习的方法，帮助学生学会了学习。

（二）困惑

1. 如何照顾学生的个体差异

在自主探究过程中，极个别的学生没有真正参与进来。未参与的主要是性格偏内向、不自信、不擅言辞、基础稍差的学生，基于此，分组要讲究技巧策略，兼顾同质和异质，同质的学生有了在心理上更亲近的学习伙伴，自主学习的压力会减轻；异质的学生间又可以相互带动，在性格上、学习能力上相互补充。要在探究过程中对基础薄弱的学生给予鼓励和及时的肯定。

2. 知识和能力能否并重

这种以学生为中心的探究式学习，学生的学习能力可以得到充分锻炼，但在知识的落实上不够扎实，而且学生的语言表述不够规范，对于一些细节如垂直地域分异规律中向阳坡、背阴坡、迎风坡、背风坡、积雪冰川带下限等相关知识的比较还要在下一节课中加以巩固，但这样会造成教学时间不足。

九、专家点评

该探究主题涉及自然地理环境地域分异规律与人类活动关系方面的内容，其主要任务是让学生理解和运用地理环境的地域分异规律，通过探究帮助学生认识主要规律及规律产生的差异性因素，从而培养学生运用地图、分析地图的逻辑思维能力。

本课在探究学习方面，有几个较为突出的亮点：

一是探究情境的创设。孔老师首先为学生提供了各种景观图片，使学生在欣赏自然景观的画面时，感受到了强大的视觉冲击力，在形象感知与意境的体验上为本节的学习创设了一个有效的情境。

二是利用探究促成了学生对知识的概念性理解。美国《国家科学教育标准》指出，科学探究学习的三大目标是对科学知识的概念性理解、对科学方法的理解和对科学探究的理解。地域分异规律是地理学的基本规律之一，孔老师巧妙地通过探究让学生理解了该规律。通过这样的探究，学生更准确、全面地理解了有关科学概念、原理。通过整合学科内的知识和学科之间的知识，学生自主建构了综合知识网络，深入理解了前后知识间的逻辑联系并能融会贯通。该探究还激发了学生的好奇心、求知欲以及积极的科学态度和科学精神。学生通过这一探究过程，获得了扎实的基础知识、应用知识解决问题的能力、学习能力以及合作能力。

三是巧用地图实现了大尺度的探究。本课地理探究的区域空间较大，采用一般的探究方式难以达成，孔老师巧妙地利用地图和地理景观图实现了大尺度空间的探究。

四是在探究过程中，孔老师真正将探究的主动权交给了学生。根据探究过程中的师生地位和教师的指导性强弱，可将探究学习分为不同的探究水平。教师的指导性越强、学生的自主性越弱，则探究水平越低。在中学阶段，探究学习的开展往往教师的主控性强，但在这个探究式学习案例中，孔老师给学生创造了宽松的学习氛围，不再告诉学生应该怎么做，而是帮助学生自己去发现、解决问题，为学生自主构建个人知识以及按照自己的思维方式去认识世界提供了充分的空间。

（点评人：华东师范大学　夏志芳教授、浙江师范大学　张建珍副教授）

实施案例 6

挖掘地理学史资源，促进学生对科学探究的理解

——全球构造理论“三级跳”

上海市北郊高级中学　李　梅

一、案例主题

全球构造理论。

二、教学对象

高一年级学生。

三、教学课时

1 课时。

四、教学目标

1. 通过对“任务单”中三项任务——魏格纳“大胆设想、小心求证”创立大陆漂移学说的过程，海底扩张学说的建立依据，板块构造学说的学习，总结前人研究成果创立的过程，体验和感受“质疑”“归纳”“应用”等科学思维的作用。

2. 通过对大陆漂移和海底扩张的基于问题的学习，能在材料中筛选和辨别信息，并利用信息分析和解决问题；使具有不同特长的学生能在小组学习中发挥自己的优势，积极参与学习，体验分工与合作的有效学习过程。

3. 通过从大陆漂移学说到板块构造学说的“三级跳”，初步认识人类对地壳运动的认识是在不断地发展和完善的；感悟科学探究的创新性、科学研究的严谨性和科学质疑的重要性，学会辩证地看待科研成果，加深对科学本质的理解。

五、教学重点、难点

体验和感受"质疑""归纳""应用"等思维过程，感悟科学探究的创新性、科学研究的严谨性和科学质疑的重要性。

六、教学资源的准备

投影仪、硬纸板、白纸、彩条纸、Google Earth 软件。

七、教学过程

全班分成 6 个小组，每个小组 6 名成员。每小组协作完成一项任务，每组选出组长并负责分工——在阅读材料的过程中，组织组员辨别不同材料，之后汇总；选派不同特长（如辨析能力强、语言表达能力突出好、动手能力强等）的组员上台展示学习成果。

（一）任务一：体验假说，展开辩论（大陆漂移学说）

任务要求：1. 小组成员通过阅读材料一，选出支持或反对魏格纳的材料，并找出哪些材料是已被证实的，哪些材料仅是学者或权威书籍提出的假说和观点；2. 每位小组成员独立完成表格并汇总，选派组员代表投影该小组最终表格并分析、讲解；3. 其他小组对其提出质疑并讨论。

1912 年，德国气象学家魏格纳大胆提出了"大陆漂移学说"。魏格纳考察了动物化石和植物的分布规律，有如下发现：动物化石不断在海洋两岸出现，而海洋很宽，动物显然游不过去；袋鼠是怎么从南美洲跑到澳大利亚去的？亚热带的植物残迹和煤层为什么会出现在寒带地区？他出版《海陆的起源》提出上述现象是大陆水平移动的结果。这一观点引发的争论持续至 20 世纪 30 年代。

你是否支持魏格纳的学说呢？请阅读材料一，完成表 1（见下页）。

材料一：

1. 美国业余地质学家泰勒于 1908 年发现非洲海岸与对面的南美洲海岸的形状十分相似，因而提出：几块大陆轰然撞在一起，形成了世界上的山脉。不过，他没有拿出多少证据，他的理论被认为不切实际。

2. 1920 年以前，地质学家们都认为大陆不是水平移动，而是上下移动，他们认为是"陆桥"使得生物从一个大陆搬到另一个大陆的。

3. 人们发现，有一种在欧洲很著名的三叶虫还出现在美国西北部，而在中间地带却不见踪影。

4.1964 年《大英百科全书》：魏格纳的理论“充满了许多严重的理论问题”，大陆怎么会像农民耕地那样被推过坚实的地壳，而又没有在表面留下犁沟呢！而且无法解释是什么力驱动了这种大规模的移动！

5.1944 年霍姆斯提出：辐射热会在地球内部产生对流，且对流的力量很大，能使大陆平面滑动。

6. 美国石油公司的地质工作者多年来已经知道，要想找到石油，必须考虑板块构造所必然包含的这种地面移动。

7. 地球上的江河每年要把大量被侵蚀的物质（如 5 亿吨钙）带进大海。如果把这一过程的年数乘以沉积速度，就会得出一个惊人的数字：海底应该有一层大约 20 千米厚的沉积物——或者换种说法，海底现在应该远远高出海面。

表 1 “大陆漂移说”材料分析表

	材料序号	已被证实的材料序号
支持魏格纳		
反对魏格纳		
大陆漂移学说的主要观点：______。 该学说的主要证据：______、______、______。		

（二）任务二：寻找证据，实验模拟（海底扩张说）

任务要求：1. 在任务一对部分材料提出质疑这一学习情境的基础上，用书面语言归纳总结材料二，提出科学新发现，并和材料一一对应。2. 选派组员投影小组最终归纳的支持海底扩张说的证据，指出新学说的观点。3. 在读“海底岩石年龄分布图”和“海底扩张示意图”（图略）之后，小组合作，利用所给材料模拟海底扩张过程，进行展示并解说。

20 世纪 50 年代后，科技的发展揭示了海底的基本面貌，证实了海底岩石年龄，这为大陆漂移学说提供了重要证据（参见材料二，见下页）。在此基础上，1960 ~ 1962 年赫斯和迪茨提出了“海底扩张说”。

如果你是赫斯，请归纳材料二提供的证据，总结海底扩张说并完成表 2。

材料二：

1. 二战期间，赫斯驾驶的“约翰逊角”战舰上有一台“回声探测仪”从未关掉。他从“回声探测仪”反馈的数据中发现，海底并没有又黏又平滑的古代沉积下来的泥沙，反而到处都是悬崖、沟壑、裂缝，还有星罗棋布的海底火山。

2. 其实地球上最雄伟、最高大的山脉是在水下，它沿着世界的海床不断延伸，犹如网球上的花纹。它从冰岛开始向南，一直抵达大西洋的中心，接着穿越太平洋，再向北延伸，直至突出海面，成为美国西海岸的高大山系。它的山峰偶尔还会露出水面（如冰岛），但大部分在海水中，无人知晓。如果把它所有的支脉加在一起，该山脉总长达 75000 千米。

3. 19 世纪铺设海底电缆的人已发现，大西洋中部有山脉妨碍电缆的走向。

4. 大西洋中部的海底，有一条裂缝——宽达 20 千米，全长 19000 千米。这似乎表明，地球在沿着裂缝向两侧扩张，就像果仁爆裂出壳那样。

5. 1960 年，岩芯样品显示，大西洋中部海底的山脊还相当年轻，但由此向东或向西，却变得越来越古老。

6. 根据自己所掌握的岩芯样品，赫斯认为新的海底地壳正在中央裂缝的两侧形成，然后被后面随机产生的更新的地壳向外推开；大西洋洋底其实是两条大的传送带，一条把地壳传向北美洲，一条把地壳传向欧洲。

7. 人们发现，无论哪里的海底年龄都不超过 1.75 亿年，而大陆的岩石年龄往往有几十亿年。其实，海底岩石的存在时间，只是它来到海边所花的时间。

8. 科学家观测到大洋地壳以每年几厘米的速度向两侧推移，直至俯冲至大陆地壳之下，于海沟处下沉、消融。

表 2 “海底扩张说”材料分析表

“海底扩张说”的主要内容	地幔物质从________顶部的开裂处涌出，形成新的大洋地壳，并不断向两侧推移，使海底不断扩张，直至________处下沉。		
“海底扩张说”的主要证据	证据一：	证据二：	证据三：
证据所对应的材料序号			

海底扩张是一个漫长的地质过程，如何将这个漫长的地质过程展现出来呢？

模拟实验可以解决这一问题。请每个小组用所给材料进行模拟实验。

（三）板块构造学说：设计模拟实验，解释地理现象

任务要求：1. 归纳大陆漂移学说和海底扩张学说，要求独立提出板块构造学说的观点；2. 小组讨论，选择材料，简单模拟板块运动的两种形式，完成相应图表内容；3. 每组选择一个著名地貌（如喜马拉雅山脉、红海等），讨论并尝试运用刚完成的板块运动的图表知识来解释该地貌的成因。

牛顿说："如果说我看得比别人更远，是因为我站在了巨人的肩膀上"。1968年，法国地质学家勒皮雄等，在借助海底扩张说，重新审视了魏格纳的大陆漂移说之后，提出了新的学说——板块构造学说。

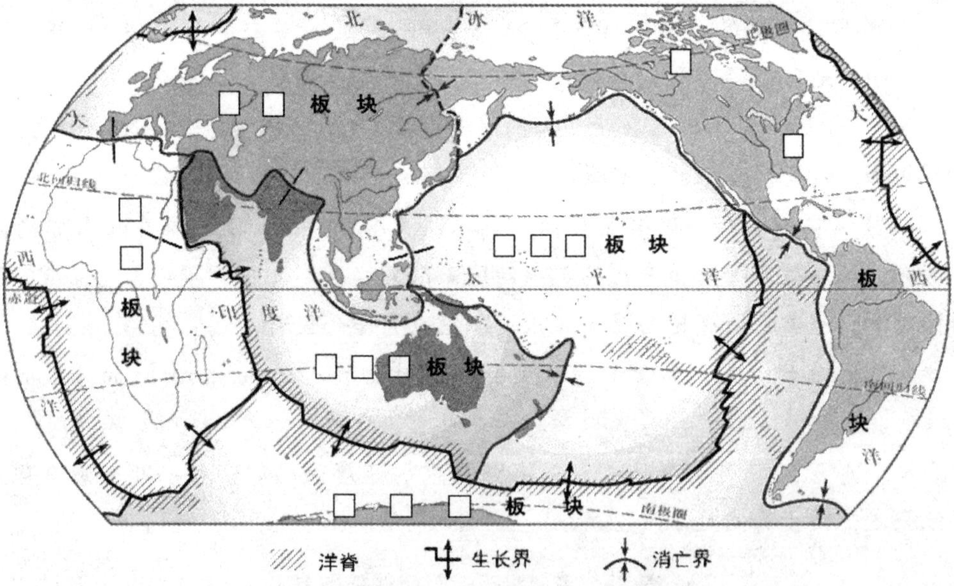

图 1　全球板块分布及板块运动示意图

1. 独立完成："板块构造说"的主要观点

（1）全球的可分为________大板块，在图 1 中的空白方框中填出各板块名称。

（2）板块内部较________，边界较________。用箭头在图 1 中①～⑥的短线上标注出板块运动的方向，板块之间有________和________两种运动形式。

2. 小组模拟板块运动的两种形式

板块的运动
- 张裂
  - 大洋板块内部张裂：形成________，例如________。
  - 大陆板块内部张裂：形成________，例如________。
- 碰撞
  - 大陆板块和大陆板块：形成_______和_______，例如________。
  - 大洋板块和大陆板块：形成_______和_______，例如________。

3. 小组讨论：运用板块构造学说解释图 1 中著名地貌的成因

①喜马拉雅山

②日本群岛

③台湾岛

④马里亚纳海沟

⑤东非大裂谷

⑥阿尔卑斯山

（四）小结提升，激励探究

1. 展示书籍《万物简史》，总结本次活动的线索和主题，突出科学家们孜孜不倦的精神，让学生初步体会科学探究所应有的素养，点评本次活动的重点和学生探究过程的闪光点。

2. 推荐一些图书和网站。关于地壳运动的研究，相关理论远不止这 3 个。教师可借机提出问题：科学家们所进行的地壳运动的理论研究，有什么现实意义？然后链接相关网页，激发学生寻找信息的兴趣，引导学生掌握搜索信息的正确方法。

3. 布置拓展作业。（1）撰写科学小论文：著名地貌的成因。（2）“科学探究无止境”：请你找出大地测量的新成果，向“四级跳”冲击。

（五）本课活动流程

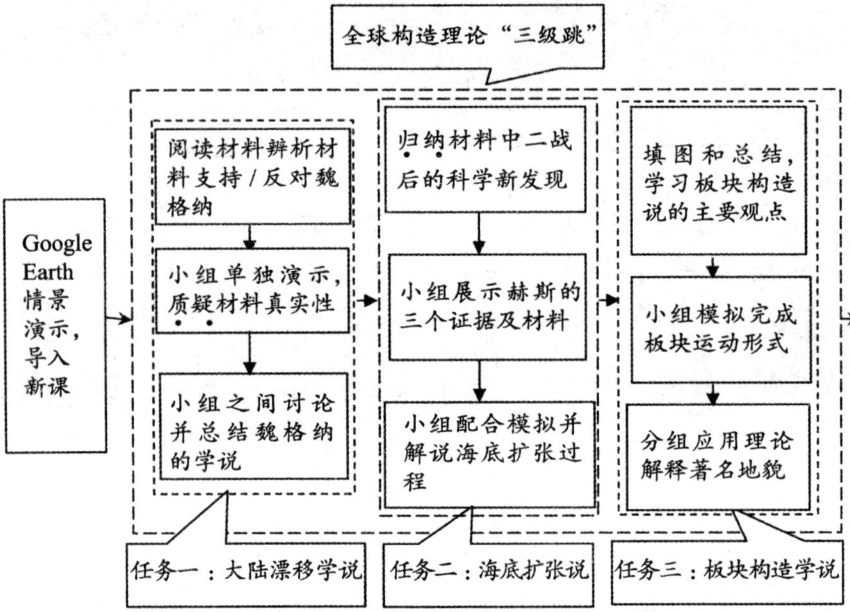

图 2　本课总体活动流程

八、教学反思

本活动基于“PBL”（基于问题的学习）的设计理念，围绕“全球构造理论”在科学界发展的明线，以引导学生掌握从大量信息中辨别、甄选、归纳材料并围绕主题学习的能力；注重团队的分工合作，注意不同学生多元思维的发展和碰撞，力求促使学生进行学习方式的优化与组合。

反思本课学习活动的设计，本人认为教师在利用地理学史资源指导学生进行科学探究学习的过程中，只有关注并把握课堂教学细节，方能引导学生取得较好的学习效果。具体表现为以下几个方面。

1. 小组分工的细节把握：发掘不同学生的特长，尽量做到每个小组均配备语言表达能力和动手能力强或具备质疑精神、组织协调能力突出的组员。

2. 教师指导活动细节：在小组活动的过程中，注意小组合作的协调指导；在学生独立完成任务的过程中，要注重对个别学生进行筛选信息和总结的方法指导；在展示学习成果前，要指导学生掌握展示步骤。

3. 点评和反馈的细节：尊重学生的不同观点，可在点评时让持有不同观点的学生相互点评，以激发学生积极思维；模拟活动的反馈过程中，应避免出现模拟器具的演示使学生对原理的理解出现偏差，可在展示教材图片和总结相关知识后再演示，然后回到要阐释的原理中，力求达到"以模拟演示来说理""用原理来解释演示"的效果。

九、专家点评

在地理学发展史上，全球构造理论出现了三个较为典型的理论或假说，即大陆漂移学说→海底扩展说→板块构造学说，本课即以这三个学说（或假说）为线索，旨在通过回顾著名科学家的相关研究，带领学生体会科学理论的形成过程，从而加深学生对科学本质的理解，是一堂典型的"探究之探究"课例。

该课例的独特之处在于，其并不将现在人们认为正确的科学理论以准确无误的"真理"方式传递给学生，而是让学生在地理学发展的时空长廊中体会这些理论是如何一步步在争论、质疑中逐步完善的，可圈可点。

1. 注重对学生科学观的培养和加深学生对科学本质的理解

当前的科学观认为科学知识并不是让学生死记的确定无误的"真理"，而是当代人们对自然世界的暂时性解释，科学探究是不断逼近真理的过程。这种科学观反映到科学教学中，表现为摒弃传统的让学生死记硬背的教学方式，重在让学生进行科学探究，通过科学探究活动让学生掌握科学方法并理解科学探究的过程。本课例的教学体现了重在让学生加深对科学探究本质理解的核心目标。在其三大任务的设计中，每一项任务都为学生提供了大量的科学家的探究事实或观点，这些事实或观点有些甚至是截然相反的。让学生在这些材料中质疑、批判、寻找证据，能培养学生的创新精神。在三大任务活动的背后，还隐含了对学生质疑见→归纳→应用等不同科学思维的培养。最后，李老师告诉学生""科学探究无止境"，鼓励学生找出大地测量的新成果，向"四级跳"冲击"，这种做法无疑能够真正激发学生挑战权威、敢于质疑、积极开展科学探究活动的愿望。

2. 课堂细节的较好把握提升了科学探究学习的成效

为什么同样开展了科学探究学习活动，有些课只得其形而未得其神，达不到预想的效果，而有些课则能真正让学生深入探究活动之中呢？这是因为，对科学探究学习活动的各个要素是否进行了深入、细致的分析和理解，对旨在激发学生科学思维的细节是否较好地设计和把握是关键。在本课的教学过程中，李老师重点关注了对寻找证据、表达交流等探究要素的设计，关注了质疑、归纳等科学思维的培养，如在课堂中李老师非常重视让学生表达观点时用相应的证据作支撑、让学生表达不同的观点并对同学的观点进行点评、让学生通过自己进行模拟实验的设计等。

同时，李老师在分组合作探究时遵循了“组间同质、组内异质”的原则，有意让学习风格不同的学生在同一个小组进行合作探究，这能使各小组成员之间取长补短，发挥每一位学生的特长，提高探究效率。

3. 多种探究学习方式的有机融合使课堂精彩纷呈

在探究过程中，学生掌握了模拟实验、辩论、小组合作、表达观点、呈现结论等丰富的学习方式，这些不同的探究学习方式的有机融合使得这节课异彩纷呈。

（点评人：浙江师范大学　张建珍副教授）

实践篇（中）

“自然地理”探究案例

自然地理学主要以自然地理环境作为自己的研究对象，包括只受到人类间接或轻微影响，而原有自然面貌未发生明显变化的天然环境，和长期受到人类直接影响而使原有自然面貌发生重大变化的人为环境。从研究内容上看，自然地理学包括地质地貌学、水文学、气象气候学、土壤学等，但与这些独立学科的区别之处在于，地理学科研究各独立要素之间的联系和相互影响，以及作为一个综合体的自然环境和人地系统；从研究方法上来看，自然地理强调实验、模拟实验、野外考察、数量建模以及基于地理信息技术的各种研究方法。如何根据自然地理学的上述特点来开展中学地理科学探究学习？本篇甄选了 16 个设计案例和 9 个实施案例，力求从不同侧面加以剖析。

设计案例 1

开展网络探究，提高学生的网络利用能力

——地震带的分布

江苏省常州市第五中学　胡星荣

一、案例主题

地震带的分布。

二、问题

世界上的地震带与地壳板块分布有什么关系？

三、教学对象

高一年级学生。

四、教学目标

通过实验得到某一时段内世界上某震级以上地震的分布特点，并寻求这种分布与板块的关系。

五、探究所需的设备与条件

电脑、世界地图。

六、探究活动设计

（一）问题情境

呈现最近几年发生的6级以上地震的地区以及地震对当地的生产、生活的影响的相关资料，引导学生思考地震的分布规律。

（二）网络探究

1. 打开中国地震网（网址：http://www.ceic.ac.cn/）。

2. 点击网页右列的“历史地震信息查询”（见图 1）。

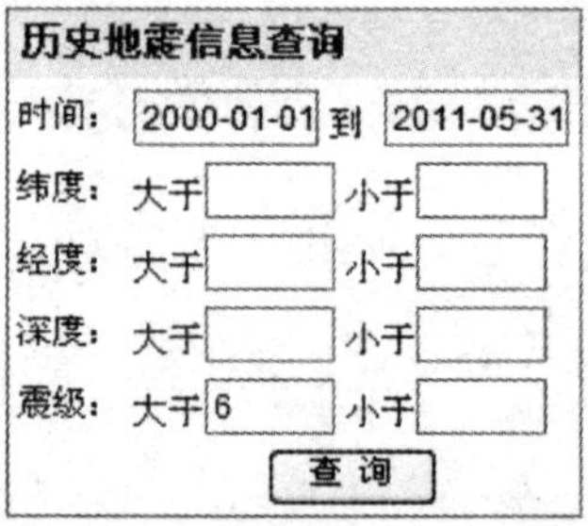

图 1　历史地震信息查询栏截图

3. 查找某一时间段内大于 6 级的地震。

4. 将每次地震的震中位置用圆点标在地图相应的位置上，并观察世界地震的分布情况。

5. 问题与讨论：

（1）将地震分布图与六大板块分布示意图进行对照，你能得出什么结论？

（2）世界上的地震分布有何规律？与板块的边界有什么关系？

（3）各板块边界地震的频率一致吗？

（4）板块生长边界与消亡边界地震的频率一致吗？产生这种差异的原因是什么？

七、评价标准

1. 利用网络收集有效信息的能力以及空间定位的能力；

2. 通过观察地震分布图与板块分布图提出合理问题的能力。

八、设计依据及理由

通过网络探究实验，让学生学会从网络中获取、筛选、分析、归纳相关信息的技能，并在这个过程中形成科学思维。

设计案例2

巧妙设计探究活动，帮助学生突破难点

——风力侵蚀的作用及其塑造的地貌形态

北京四中　曹　彤　高　静　李京燕

一、案例主题

风力侵蚀的作用及其塑造的地貌形态。

二、探究重点

1. 风力侵蚀如何塑造地表形态？
2. 不同的地表物源条件分别会形成怎样的地貌？

三、教学对象

高一年级学生。

四、教学目标

1. 了解不同的地表物源类型；
2. 知道不同的风力侵蚀类型；
3. 了解风力侵蚀不同地表的过程；
4. 能描述不同风蚀地貌类型。

五、探究所需的设备与条件

多档吹风机、托盘、砾石、砂土、有植被覆盖的砂土、湿砂土。

六、探究活动设计

（一）实验步骤

1. 将砾石和砂土混合装入一个托盘，将有植被覆盖的砂土和湿砂土装入另一托盘。

2. 将吹风机风力调至 1 档，以 45 度倾角分别吹两个盘子中的物质。如图 1 和图 2 所示。

图 1　砂土和砾石

图 2　有植被覆盖的砂土、湿砂土

3. 观察托盘中发生的现象，并记录下来。

4. 结合实验过程，用实验现象解释不同地貌如雅丹地貌、风蚀柱、风蚀蘑菇、风蚀城堡、风蚀壁龛（石窝）、月牙湖等的成因。

（二）实验分析

当吹风机吹拂不同物质时，盘中物质会出现不同反应。细沙将被风吹走，并打磨砾石，这便演示了自然界中的吹蚀和磨蚀两种现象。而湿砂土和有植被覆盖的砂土被吹蚀掉的很少，这便演示了土壤水分和植被对地表风力侵蚀强弱的影响。

但本实验过程中砂土飞扬的方向不易确定，难以收集飞扬的砂土，因此吹蚀量难以确定，只能根据观察来判断吹蚀量的大小。另外，参加实验的人员需佩戴口罩。

（三）结论与应用

1. 风力侵蚀作用主要有两种类型：吹蚀和磨蚀。

2. 干燥松散的细砂土易被风力吹蚀，坚硬的砾石不易被吹蚀，自然界中雅丹地貌、风蚀柱、月牙湖的形成都跟这种作用有关。

3. 地表物源为细砂土和砾石共存时，细砂土被风吹蚀后磨蚀砾石，自然界中风蚀蘑菇、风蚀壁龛（石窝）、风蚀城堡的形成都跟这种磨蚀作用有关。

4. 地表物源为有植被覆盖的砂土或者湿砂土时，吹蚀和磨蚀作用不易发生，人们通过植树种草或向砂土堆中洒水的方式来减轻沙尘暴正是基于此原理。

七、评价标准

1. 能否设计出基本的地表物源组成、提交合理的设计方案；

2. 能否正确演示吹蚀和磨蚀过程；

3. 能否将实验结论与自然界真实情况联系起来，并解释自然界相关地貌景观的形成原因。

八、设计依据及理由

通过探究活动，学生能更好地理解风力侵蚀的过程，突破学习难点，同时建立起风力作用与相关地貌的联系，养成科学地认识世界的思维习惯。

设计案例 3

重视模拟实验，培养学生的动手操作能力

——心滩的发育过程

浙江师范大学　王丽丹

一、案例主题

心滩的发育过程。

二、探究重点

心滩的发育过程是什么?

三、教学对象

高一年级学生。

四、教学目标

1. 在学习流水作用能形成各种河流地貌的知识后，通过本次探究，阐明心滩发育的原理；

2. 学会控制实验的自变量和因变量；

3. 简述设计小型模拟实验需要考虑的问题。

五、探究所需的设备与条件

铲子、水管、相机、测量尺。

六、探究活动设计

（一）问题激发情境

师：我们知道在流水的作用下，河床和河岸会受到冲刷和侵蚀，但是在图 1

中河心却赫然形成了一个露出水面的滩涂，我们称之为心滩，这是什么原因呢？是流水的作用使然吗？

图 1　心滩景观图

（二）技能实验

1. 小组讨论如何设计一段模拟河段，商定在河滩某一有一定坡度的地方用铲子挖出一段"河道"（长 10 米，宽 0.5 米，中间部分为 1 米，深 0.5 米）。

2. 向模拟河道的高端注水，分别设定不同的流速以控制水流量（如将水阀开至 1/4 处、1/2 处或最大处）。选定一个点，在进行三次实验前拍照记录"河床"面貌，测量"河床"底部距"河面"的距离。注水一段时间后，将水排尽再拍照记录、测量。

3. 控制水流量（如控制在最大处）。注入含有大量沙石的水，记录同上。

4. 将四次实验的记录结果制作成表格（见表 1）。

表 1　实验记录表

水阀位置	水质	定点图片和数据				
		注水前		注水后		差值
		图片	数值	图片	数值	
1/4 处	清					
1/2 处	清					
最大处	清					
	浊					

5. 思考与讨论：

（1）你是如何设定水流量的？采取什么手段控制？

（2）通过图片和数据对比，你得出了那些结论？

（3）在这个过程中，你认为还有什么因素需要注意？

6. 心滩发育原理：

在河段浅滩处分布的大小不同的心滩，是在河床陡然加宽的地方，因河面扩大，水流减慢，在复式环流的影响下，由于上游流水携带的泥沙堆积以及两岸侵蚀后的剥蚀物聚向河心而逐渐发育形成的。

七、评价标准

1. 学生上交的记录数据以及交流后得出的结论的质量；

2. 学生在实验设计过程中表现出来的假设、操作、统计、交流等能力。

八、设计依据及理由

心滩发育过程的模拟实验能够培养学生的动手操作能力，促使学生在控制变量与自变量的过程中，更加仔细地观察实验现象、分析得出的数据。在形成结论之后，由教师引导学生进行深入思考，能够激发学生进一步探究的欲望。

设计案例 4

合理设计实验、培养学生良好的地理思维

——影响土壤侵蚀作用的自然因素

浙江省回浦中学　王卫兴

一、案例主题

影响土壤侵蚀作用的自然因素。

二、探究重点

地形坡度、降水强度和植被等自然环境因素对土壤侵蚀作用有何影响？

三、教学对象

高一年级学生。

四、教学目标

1. 学会设置自变量，观测因变量，能够模拟在地形坡度、植被覆盖、降水强度各不相同的情况下土壤被侵蚀的状况；

2. 在实验中养成合作意识和创新精神。

五、探究所需的设备与条件

碎石、粗砂和细砂混合物（3kg）、1.5L 矿泉水瓶、木支架（斜面宽 20cm，长 60cm，如下页图 1）、广口玻璃杯。

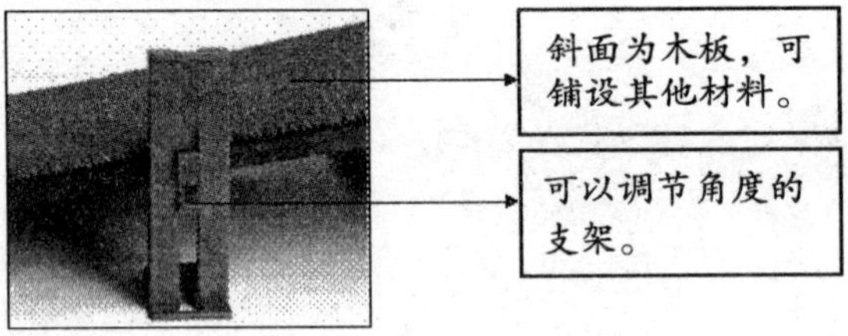

图 1　实验用木支架

六、探究活动设计

1. 观察在不同坡度和降水强度下，土壤的侵蚀状况。

表 1　实验记录表

<table>
<tr><td>实验名称</td><td colspan="4">土壤侵蚀实验</td></tr>
<tr><td>实验者</td><td colspan="4">高一年级 _____ 班 _____ 组</td></tr>
<tr><td>成员</td><td>组长_____</td><td>记录员_____</td><td>操作员_____</td><td>观察员_____</td></tr>
<tr><td>实验步骤</td><td colspan="4">①调整支架，将斜面坡度设为 15°，在斜面上端加碎石、粗砂和细砂的均匀混合物 1 千克左右。
②矿泉水瓶内加满水，瓶底用针扎若干个小孔，用以模拟降水。
③在斜面下端用广口玻璃杯接泥水混合物，然后记录沉淀物的厚度，观察沉淀物的颗粒大小。
④重新调整支架，将斜面坡度设为 25°，按之前步骤再做一次，并观察、记录。
⑤然后按之前步骤，并用手指挤压矿泉水瓶，增大“降雨量”，并观察、记录。</td></tr>
</table>

表 2　沉积物厚度及分层现象情况记录表

	斜面坡度 15°	斜面坡度 25°	斜面坡度 25°，并增大“降雨量”
第一组			
第二组			
第三组			
第四组			

学生讨论：

（1）坡度和降水强度不同，土壤受侵蚀程度有何差异？

（2）沉积物的分层有什么特点？

2. 观察在不同植被覆盖下土壤的侵蚀状况。

（1）将斜面坡度设为 25°，铺设较光滑的地毯（模拟草地），按之前的实验

步骤操作，仔细观察，记录实验结果。（见图 2）

图 2　较光滑的地毯（草地）

（2）将斜面坡度设为 25° ，铺设长纤维地毯（模拟林地），按之前实验步骤操作，仔细观察，记录实验结果。（见图 3）

图 3　长纤维地毯（林地）

表 3　沉积物厚度、流水量及分层现象情况记录表

	模拟草地	模拟林地
第一组		
第二组		
第三组		
第四组		

学生讨论：

（1）在降水强度和坡度相同的情况下，草地、林地与裸地相比较，土壤侵蚀程度有何差异？

（2）沉积物有何特点？

（3）土壤的侵蚀与地形、气候、植被等因素之间存在怎样的联系？这种联系说明自然环境具有什么特点？

七、评价标准

1. 实验操作能力：能否正确利用实验器材进行操作、是否按照实验步骤完成操作、能否正确记录和收集实验信息。

2. 得出实验结论的能力：能否分析实验数据和信息从而得出结论，得出的结论是否能正确揭示地理现象的本质及规律。

3. 表达结论的能力：能否条理清晰、完整地表达实验结论，能否用恰当的方式（语言、文字、图表）来表达实验结论。

八、设计依据及理由

土壤侵蚀作为一种常见的环境问题，由于其危害大、影响广，越来越引起人们普遍关注。土壤侵蚀是自然因素和人为因素共同作用的结果，该探究主题涉及自然因素与土壤侵蚀的关联性，其主要任务是通过模拟实验让学生了解土壤侵蚀与其他环境因素之间的关系，并在实验过程中培养学生的创新精神和实践能力。

设计案例 5

搭建支架，引导学生自主设计实验

——影响土壤湿度的因素

浙江师范大学　张建珍

一、案例主题

影响土壤湿度的因素。

二、探究重点

影响土壤湿度的因素有哪些?

三、教学对象

高一年级学生。

四、教学目标

1. 学会测定土壤湿度；
2. 知道怎样设置自变量、观测因变量并控制无关变量；
3. 知道怎样提出假设并设计实验验证假设；
4. 学会科学反思。

五、探究所需的设备与条件

取土器（见图 1）、取土盒（加盖铝盒）、小烧杯若干、微波炉、托盘天平等。

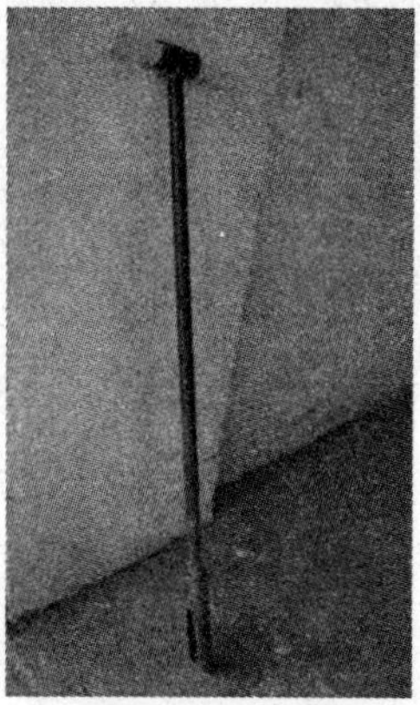

图 1　取土器

六、探究活动设计

（一）问题激发情境

师：2011 年我国山东、河南、河北等 9 省市大旱，导致农产品歉收。那么造成图 2 中农作物生长情况巨大差异的直接原因是什么？

图 2　不同干湿度土壤景观对比图

（二）技能实验

1. 学生分成若干小组。

2. 小组在户外选择一处土壤，用取土器分别取 0 ～ 10cm、10 ～20cm、20 ～30cm、30 ～ 40cm、40 ～ 50cm 处土壤。

3. 将所取土壤放入取土盒（铝盒，铝是不活泼金属，难与土壤中的水分发生化学反应；有盖，防止水分蒸发），带回实验室以后，先把土壤中的大颗粒杂质剔除，然后将土拨入玻璃烧杯中（占烧杯体积的 2/3 左右）用托盘天平称其重量为 m_1。

4. 将装有土壤的烧杯置于微波炉中烘干。冷却之后取出称其重量为 m_2。然后再放入微波炉中继续烘干 5 分钟，取出冷却之后再称其重量为 m_3。若 $m_2 = m_3$，则说明水分已经完全烘干，若 $m_2 > m_3$，则说明水分还没完全烘干，应继续上述操作，直到重量不再改变为止。

5. 用公式“（原土重—烘干土重）/ 烘干土重 ×100%”来计算土壤湿度，即“土壤含水量（重量%）=（$m_1 - m_3$）/m_3 × 100%”。

6. 各小组分别公布计算结果。

师：为何各组所测土壤湿度不同？影响土壤湿度的因素有哪些？

（三）设计性实验

1. 学生讨论影响土壤湿度的因素有哪些，提出猜想和假设。

2. 引导学生思考：如何设计实验方案来验证自己的假设？你所设计的实验中，自变量和因变量分别是什么？如何控制无关变量？

3. 确定假设后，各小组设计实验方案，验证假设。如果实验设计所得结果与原假设一致，请学生绘制思路图；如果实验设计所得结果与原假设不一致，请学生反思整个实验设计过程的各个环节是否对无关变量进行了控制，以及造成假设与实验结论差异的原因是什么。

4. 各小组展示实验所得主要数据以及在实验中得出的主要结论，并总结实验所获。

七、评价标准

1. 学生在实验期间的表现：实验技能的掌握情况、设计实验的能力、合作意识等。

2. 学生在呈现实验数据、表达实验结论时所体现出来的能力。

八、设计依据及理由

实验能引导学生掌握土壤湿度测量的方法，使学生对自然环境要素之间的联系和相互影响有更深入的理解，从而突破知识学习的重点；有助于学生掌握设置自变量、观测因变量并控制无关变量的一般方法。该设计将知识学习、技能和方法的掌握、对科学的理解三者合为一体，能有效促进学生科学素养的提高。

设计案例 6

巧用生活主题，充分发挥学生的想象力

——了解天气符号，看懂天气预报

上海市长江第二中学　何雅琴

一、案例主题

了解天气符号，看懂天气预报。

二、探究重点

1. 如何从地理图像中获取信息？
2. 如何快速记忆天气符号？
3. 怎样画风力风向符号？

三、教学对象

七年级学生。

四、教学的目标

1. 能够识别常见的天气符号；
2. 提高从各种地理图像中获取信息的能力；
3. 逐步掌握绘图能力；
4. 学会判读风向、风力；
5. 形成互助协作的团队精神。

五、探究所需的设备与条件

1. 全班分成 5 个小组，每组选出组长、记录员，组长负责协调本组活动；

2. 天气符号卡片（图 1）、记忆情况统计表（表 1）、3 月 23 日的《文汇报》。

表 1　记忆情况统计表

第_____组

组员姓名	正确数	错误数	正确率	记忆诀窍	加分情况

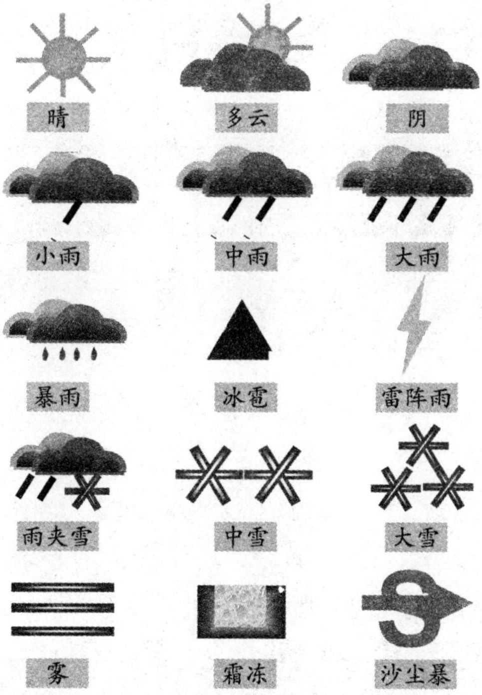

图 1　天气符号卡片

六、探究活动设计

（一）记天气符号

1. 在组长协调下，每组制作一套天气符号卡片，每人制作 2 ～ 3 张，然后通过组内小游戏，两两之间互相问答，找到匹配的天气符号卡片。

2. 在识记的基础上小组成员交流记忆诀窍，记录员将其记录在表格上。在教师的安排下，相互补充。

（二）画风力风向符号

1. 小组中的每个成员在“小贴士”上画出风力的图标及风向的图标，然后比较两者的区别，并在组内交流，达成共识。

2. 教师通过多媒体分步骤解释风力、风向符号的意义及画法。

3. 组员互助，学画风力、风向符号，教师巡视辅导。

（三）制符号版天气预报

组内成员独立将 3 月 23 日的《文汇报》的文字版天气预报绘制成符号版，然后各小组轮流派代表演示、讲解，其他小组补充。

七、评价措施与方法

1. 组内成员记忆天气符号以及记录表的完成情况；

2. 将 3 月 23 日的《文汇报》的文字版天气预报绘制成符号版天气预报任务的完成情况。

八、设计依据及理由

天气符号形象生动，初中生根据已有的生活经验完全有能力理解。而且一些互动游戏能够激发学生的学习兴趣，充分调动学生的积极性。相互交流记忆诀窍这一环节充分发挥了学生的想象力，也给学生创造了表达与交流的机会，锻炼了学生表达观点的能力。最后的环节是组内成员独立完成将 3 月 23 日的《文汇报》的文字版天气预报绘制成符号版天气预报这一任务，之后再派代表演示、讲解，其他小组互相补充。这为学生提供了一个展示自己的舞台，同时也检验了本节课的达成度，有利于各探究小组在互评过程中形成彼此尊重、相互欣赏、共同进步的风气。

设计案例 7

结合实际景观，提高学生的读图效率

——我国气温的分布

上海市进才实验学校　唐晓峰

一、案例主题

我国气温的分布。

二、探究重点

怎样根据景观图片的差异得出我国气温分布时空差异的特点？

三、教学对象

七年级学生。

四、教学目标

1. 能说出我国年平均气温的分布特点、我国冬夏气温的分布特点；
2. 能主动参与读图练习，联系生活实际得出我国年平均气温的分布特点；
3. 增强读图兴趣，学习对生活有用的地理；
4. 体会我国疆域的辽阔以及气候资源的优越，激发热爱祖国的情感。

五、探究所需的设备与条件

1. 把学生分成四个竞赛小组，准备活动记录表；
2. 多媒体课件。

六、探究活动设计

（一）整体设计

这一节非常重要，其内容是基本的地理事实，这种事实决定了我国各地在气温上存在着巨大的地理差异。要想了解这些差异，学生就需要掌握、运用阅读气温分布图的方法。

（二）教学过程

活动一："看一看"（新课引入）

教师播放课件中的 Google Earth 定位视频并介绍身在漠河的感受。

学生观看本课所要了解的地理轮廓，预估景观图片中的气温，了解课题。

活动二："拼一拼、找一找、读一读"（学习新课：气温地区差异显著）

学生完成中国年平均气温分布图的趣味拼图游戏。

教师出示课件（PS 过的年平均气温分布图）。

学生对比课本上的图，指出多媒体课件中错误的地方，并将拆散的地图拼完整。

教师在指导中穿插讲解怎样阅读分层设色气温分布图：

1. 读图时先读左下方的图例。

2. 再读地图中不同色块的分布。

3. 最后根据图中色块读出某个地点的平均气温数值。

活动三："连一连"（学习新课：冬季南北温差大，夏季普遍高温）

教师出示 4 座城市的气温曲线和这四座城市的 1 月景观图片。（图略，景观图片应突出各地城市特征，但不直接显示城市名称，以增加学生读图的趣味性。）

学生尝试读出各城市 1 月平均气温，并尝试根据冬季气温特点将气温变化曲线和景观图片对应联系起来。

教师出示 4 座城市的气温曲线（图略，可隐去城市名称，以增加活动难度，引发学生对各城市气温曲线起伏特征的关注），以及 4 张 7 月景观图片。

学生尝试读出各城市 7 月平均气温并根据夏季气温特点将气温变化曲线和景观图片对应联系起来。

活动四："练一练"（练习巩固，小结拓展）

生生互动——学生联系所学行政区划的知识，结合本课内容互相出题，展开小组竞赛。

七、评价措施与方法

本课采用小组竞赛形式来评价学生的知识掌握情况。

表 1 小组竞赛得分情况统计表

活动流程	第一组	第二组	第三组	第四组
看一看				
找一找、拼一拼、读一读				
连一连				
练一练				
总计				

八、设计依据及理由

对气温本身，学生还是有一些感性认识的，如天气预报中最高气温、最低气温。但是对于全国范围内不同季节南北气温的分布及其差异，因为牵涉到空间、时间两个跨度，初中生学习起来还是有些困难。整体而言，七年级学生的思维比较活跃，所以可以通过探究活动激发他们的兴趣和参与活动的积极性。

地图是地理学科的第二语言，因此读图技能是学生必备的基本能力之一。地理图表的种类多种多样，如说明地理事物特点的景观图、示意图。本课的"看一看"活动，就是要求学生根据地理景观图判断出当地气温的特点，以培养学生从地图中获取信息的能力。"拼一拼"活动激发了学生的读图兴趣。"找一找"活动故意为学生设计学习陷阱，力求让学生自己跳出陷阱得出我国年平均气温分布规律，从而强化学生的读图、识图能力。"连一连"活动将气温变化曲线和实际景观结合，提高了学生的读图效率。"练--练"活动，有利于学生巩固基本读图技能。

设计案例 8

合理利用探究活动，引导学生掌握重点

——海陆分布对气温的影响

南京市第二十九初级中学　何跃东

一、案例主题

海陆分布对气温的影响。

二、探究重点

海陆分布如何影响气温？

三、教学对象

七年级学生。

四、教学目标

1. 学会正确使用温度计；
2. 通过实验来初步认识海陆的物理特性，了解海陆热力性质的差异；
3. 学会提出假设，并设计实验验证假设。

五、探究所需的设备与条件

1000mL 烧杯 2 个、三脚架 2 个、石棉网 2 个、酒精灯 2 个、温度计 2 个、碎石子、沙子、自来水。

六、探究活动设计

（一）技能性实验

将学生分成若干小组。

1. 在户外沙坑处用一只烧杯取沙子（或碎石子），并用另一只烧杯取自来水。

2. 将所取沙子（或碎石子）和水带回实验室以后，称量相同质量的沙子（或碎石子）和水，并用温度计测量此时沙子（或碎石子）和水的温度并记录。然后一起将两个烧杯放到不同的三脚架上，用酒精灯对其进行加热（时间相同，一般加热 8 ～ 10 分钟即可），然后将烧杯取下，测量此时沙子（或碎石子）和水的温度并记录。

3. 将加热后的烧杯放在通风处冷却，几分钟后（一般 3 ～ 5 分钟即可），测量此时沙子（或碎石子）和水的温度并记录，同时用手去感受温度。

4. 各小组公布计算结果。

附表：

海陆分布对气温的影响（沙子和水）实验记录表

	加热前温度	加热后温度	两者温差	加热后温度	冷却后温度	两者温差
沙子						
水						

海陆分布对气温的影响（碎石子和水）实验记录表

	加热前温度	加热后温度	两者温差	加热后温度	冷却后温度	两者温差
碎石子						
水						

（二）讨论

根据各小组的数据寻找相同点，之后针对相同点进行讨论，并从中得出结论。

七、评价措施与方法

实验评价表

评价内容 / 组别	小组合作能力（20%）	实验操作步骤（20%）	实验数据分析（20%）	组员课堂表现（20%）	组员表达交流能力（20%）
小组 1					
小组 2					
……					

八、设计依据及理由

在七年级上册地理教科书中，关于影响气温分布的因素中提到了海陆因素。七年级的孩子并未学过物理，因此对海陆热力性质差异不太理解。探究活动不仅有利于学生认识海陆分布对气温的影响，也有利于培养学生的动手实验能力与因素分析能力。

设计案例 9

理性选择探究主题，提高学生的环保意识

——导致城市“热岛效应”的因素

南京市第二十九初级中学　邵　珊　臧丽芩

一、案例主题

导致城市“热岛效应”的因素。

二、探究重点

导致城市“热岛效应”的因素有哪些。

三、教学对象

七年级学生。

四、教学目标

1. 学会测定气温；
2. 学会根据实验数据绘制统计图表；
3. 能够反思人类活动对大气环境造成的负面影响。

五、探究所需的设备与条件

自制百叶箱、水银温度计、电子温度计、地图等。

六、探究活动设计

（一）问题激发情境

师：2010 年 8 月 3 日，炙热的阳光烘烤着大地，江苏省气象部门提升了高

温预警信号——南京的最高气温已经达到了37.5℃。但市民在户外明显感觉到温度应该不止这么高，因此很多市民便质疑气象部门播报的最高气温不准确。

实际上我国气象部门测量气温采用的是国际通行方法：观测站选在离人群、市区较远，四周平坦、空旷无遮挡的地方；温度计放在白色百叶箱内，距离平整草坪地面1.5米，且需通风良好，不能受太阳直接照射。在这样的条件下测量气温才能消除外界干扰因素，更真实地体现大气的温度状况。

师：同一时间内城市和郊区的气温是否存在差异？造成这种差异的原因有哪些？

（二）技能性实验

1. 对学生进行分组，指定组长，并要求各小组利用周末空闲时间，分别选取市中心、距市中心5km、距市中心10km、距市中心15km、距市中心20km处测量气温，并将观测点标注在地图上。每一观测点须测早上8：00、下午14：00、晚上20：00三个时间点的气温。

2. 要求各小组利用纸盒等材料自制百叶箱。

3. 指导各小组将温度计固定于百叶箱的后壁上。

4. 教给学生准确读取温度计刻度的方法，要求学生记录数据，并将所测得的数据制成图表。

（三）设计性实验

1. 各小组讨论如何用文字描述观测点周围的环境，如可从植被、人口、建筑、车流量、地面状况等方面入手；

2. 各小组分别前往各测量点；

3. 各小组采集数据，并记录周围的环境；

4. 各小组汇总数据，并将所得数据绘制成各种图表；

5. 各小组利用统计图表和数据来说明南京的“热岛效应”，并对比不同观测点的环境记录资料来归纳“热岛效应”的形成因素；

6. 各小组分别进行书面和口头汇报。

表 1　实验记录单

<table>
<tr><th>时间</th><th>观测地点</th><th>气温</th><th>所在小组</th><th>小组成员</th></tr>
<tr><td></td><td></td><td></td><td></td><td></td></tr>
<tr><td colspan="5">周围环境记录：

记录人：________</td></tr>
</table>

七、评价标准

1. 学生在实验期间的表现：百叶箱的制作技能掌握情况、合作能力、填写的实验工作单的质量等。

2. 学生在呈现实验数据、表达实验结果时所体现出来的能力。

八、设计依据及理由

该探究主题涉及人类活动对大气环境影响的内容，旨在通过让学生测量同一时间同一所在地不同观测点的气温来感受"热岛效应"，并借助资料分析和寻找产生"热岛效应"的原因来增强学生的动手能力、问题分析能力和环境保护意识。

设计案例 10

合理设计实验环节，培养学生的探究能力

——我国气候的主要特征及其影响因素

宁夏银川三中　孟庆国

一、案例主题

我国气候的主要特征及其影响因素。

二、探究重点

我国气候的主要特征及其影响因素有哪些。

三、教学对象

八年级学生。

四、教学目标

1. 知道我国气候的主要特征；
2. 知道影响我国气候的因素；
3. 学会提出假设，并能设计实验验证假设；
4. 学会反思。

五、探究所需设备与条件

温度计、雨量器、雨量杯、风向标等。

六、探究活动设计

（一）问题激发情境

师：有一位外国游客在我国乘坐火车旅行后，感慨地说：“真没想到在短短

的十几天内，我在没有登高的情况下就能感受到一年四季的变化！"请问是什么原因造成这样的"变化"？

（二）技能性实验

将学生分成若干小组。各小组在户外空旷的地方，将百叶箱架在离地面 1.5 米左右的地方，将温度计固定在百叶箱中；架好风向标，放置好雨量器。

1. 1 月和 7 月平均气温的测定

（1）分别在每天 8 时、14 时、20 时 3 个时间点记录气温数据，分别为 t_1、t_2、t_3。

（2）找出这一日最高气温和最低气温以及出现的时间。用公式计算该日的平均气温 $T=(t_1+t_2+t_3)/3$，1 月 1 日为 T_1，2 日为 T_2，依此类推。计算出 1 月平均气温，$T=(T_1+T_2+...+T_{31})/31$。

（3）用同样的方法测出 7 月的平均气温。

（4）收集哈尔滨、北京、武汉、广州、兰州、乌鲁木齐六地 1 月平均气温和 7 月平均气温数据，进行比较、分析。

（5）思考：我国 1 月各地平均气温差异和 7 月各地平均气温差异有何不同？

2. 年降水量的测定

（1）将雨水倒入特制的雨量杯内，读出降水量毫米数，并每天记录 8 时、20 时的降雨量。

（2）把一天、一月或一年的降水量相加，就分别是这个地方的日降水量、月降水量或年降水量。

（3）收集哈尔滨、北京、武汉、广州、兰州、乌鲁木齐六地的年降水量数据，进行比较、分析。

（4）思考：我国各地年降水量有何不同？

3. 盛行风向的测定

（1）根据风向标箭头所指方向，记录每日的风向，最终得出 1 月和 7 月的盛行风向数据。

（2）收集哈尔滨、北京、武汉、广州、兰州、乌鲁木齐六地的 1 月和 7 月的盛行风向数据，进行比较、分析。

（3）思考：我国各地夏季盛行风向和冬季盛行风向有何不同？

（三）设计性实验

1. 学生小组讨论并对影响我国气候的因素提出猜想与假设。

2. 教师引导学生思考如何来设计实验验证自己的猜想与假设。

3. 学生可能提出的猜想与假设：纬度位置不同、海陆位置不同、地形复杂多样、下垫面性质不同等。

4. 确定假设后，各小组开展实验，验证假设。如果实验所得结果与原假设一致，可要求学生绘制思路图；如果实验所得结果与原假设不一致，应让学生反思整个实验过程的各个环节，如是否对无关变量进行了控制、造成假设与实验结论差异的原因是什么。

5. 各小组展示实验所得主要数据和从实验中所得出的主要结论，并总结实验所获。

七、评价标准

1. 学生在实验期间的表现：实验技能的掌握情况、设计实验的能力、合作能力、填写的实验工作单的质量等。

2. 学生在呈现实验数据、交流实验结果时所体现出来的能力。

八、设计依据及理由

课外实验是开展科学探究学习的一种基本形式。本课的课外实验旨在培养学生的实践操作技能，使之能够熟练地使用百叶箱、雨量器以及风向标。在“设计性实验”环节，有了技能性实验的铺垫，学生能够较轻松地提出影响气候因素的猜想与假设，并设计实验来验证。这有利于在探究过程中，培养学生分析数据、处理数据并由此得出结论的探究能力。

设计案例 11

正确操作实验步骤，培养学生正确的科学态度

——大气能见度的测定

北师大珠海附中　黄琦婷

一、案例主题

大气能见度的测定。

二、探究重点

如何测定大气能见度？

三、教学对象

高一年级学生。

四、教学目标

1. 掌握确定观测视角的方法；
2. 学会绘制能见度观测物分布图；
3. 学会鉴定白昼和夜间的能见距离；
4. 知道影响大气能见度的因素；
5. 掌握测定大气能见度的方法。

五、探究所需的设备与条件

经纬仪或指南针、卷尺、测绳仪、地图等。

六、探究活动设计

（一）问题激发情境

师：2010 年第 16 届广州亚运会举办期间，有比赛场馆的城市如广州、佛山、东莞、汕尾等地所有站点的空气污染指数（API）全部达到亚运保障目标的要求。据不完全统计，整个珠三角地区空气质量达到一级水平的天数的比例达到了 20%，广州超过了 25%。与此同时，四地的大气能见度也较往年大大改善，广州能见度超 5 千米的小时数比例达到了 95.8%，东莞和佛山则分别达到了 100% 和 95.8%，刷新了近 10 年来同期环境质量的最好记录。请问：一个区域的大气能见度是如何确定的？

（二）技能性实验

1. 将学生分成两个小组，分别命名为太阳组和月亮组。

2. 选择观测目标。

选择五种观测物，在不同方位分四个时段（太阳组记录 7 点和 12 点，月亮组负责记录 18 点和 20 点）观测。观测物应是静止的自然物和建筑物，颜色越深越好，且其亮度一年四季变化不大。观测物应尽量以天空为背景，大小以视角表示，一般以 0.5～5.0° 的视角为宜。视角用经纬仪测出高度角和宽度角后按下式计算：

$$视角=\sqrt{高度角\times宽度角}$$

以水平为准，被观测物的仰角应不超过 6° 。

3. 确定观测物的方位与距离。

先用经纬仪或指南针测定被观测物的方位，再用卷尺或绳子量出近距离观测物的距离，然后根据地图上的比例尺测出远距离观测物的距离。

确定观测物的方位和距离后，绘制能见度观测物分布图。方法为：以观测点为圆心，分别以 0.1、0.2、0.5、1.0、2.0、5.0、10.0、20.0、50.0（单位：km）为半径画 9 个同心圆，然后将所有观测物按其所在方位、距离分别画在相应的位置上。近距离观测物可单独绘制。

4. 能见度的观测。

（1）太阳组测算白昼能见度：从观测点向四周看已测定方位及距离的观测物，如果观测到某方位某一观测物“能见”，而稍远一点观测物“不能见”，那刚好“能见”的观测物的距离，就是该方位的能见距离。

白天进行观测时，如果某一观测物轮廓清晰，但却没有更远的观测物时，可依据下列方法酌情判定：若观测物的细微部分清晰可辨，能见度定为该观测物距离的5倍以上；如隐约可见，定为该观测物距离的2.5～5.0倍；如很难分辨，能见度定为该观测物的距离的2.5倍以下。

（2）月亮组测算夜间能见度：用发光体（灯光）作观测物，根据灯光能见距离换算图（图略），查出相应的能见距离。如无灯光，可根据天黑前能见度的变化趋势，结合当时的天气现象和气象要素粗略估计。

注：横坐标为能见的目标灯的距离，纵坐标为该灯光的功率单位：W。

5. 记录实验结果。

根据大气能见度与大气污染的关系（表1），填写活动记录表（表2）。

表1　大气能见度与大气污染的关系

大气中总悬浮颗粒的质量浓度（mg/m^3）	0.1	0.15	0.3	1.8
能见距离（km）	14.8	9～10	4.5	1

表2　大气能见度监测报告表

编号	观测物	方位（°）	视角（°）	距离（km）	大气中污染物的质量浓度（mg/m^3）	备注
1						
2						
3						
4						
5						

6. 思考：影响大气能见度的要素有哪些？

七、评价标准

1. 实验态度：在实验过程中表现出来的好奇心和积极性。（25分）

2. 操作能力：正确操作仪器的能力，统计图表、记录是否完整与准确，实验报告的填写质量。（25分）

3. 观察能力：能否准确发现问题。（25 分）

4. 与同伴合作的能力：能否与组内成员愉快合作。（25 分）

八、设计依据及理由

活动中，学生通过开展大气能见度的测定实验、分析大气能见度的影响因素，可以深刻理解自然环境的整体性，也能够养成科学探究、求真务实的良好科学态度。

设计案例 12

紧密联系教学目标，提高学生问题分析能力

——近地面大气的主要直接热源

江苏省前黄高级中学国际分校　刘长凤

一、案例主题

近地面大气的主要直接热源。

二、探究重点

怎样利用实验来探究近地面大气的主要直接热源？

三、教学对象

高一年级学生。

四、教学目标

1. 学会读取气温计，对实验结果进行预测；
2. 通过观测和分析，推断大气是怎样增温的。

五、探究所需的设备与条件

透明支架 4 个、透明玻璃箱 4 个、不透明隔热板 6 个（比玻璃箱大）、气温计 4 个、砂土、记录表 2 个。

六、探究活动设计

（一）问题激发情境

师：根据你的切身体会，你觉得一天当中什么时间最热？是在中午 12 点吗？

通过连续几天的观测，气温记录为什么显示一天中的最高气温不是出现在正午?

（二）技能实验

实验一：

1. 某日晴天 11 时，将两个相同规格的透明玻璃箱放置在日光下，并分别用透明支架支起，使玻璃箱离地面 20 厘米，在一个玻璃箱内放置 5 厘米厚的干燥砂土，另外一个玻璃箱空着，将气温计用细绳子固定，并悬挂在玻璃箱的中央（如图 1）。

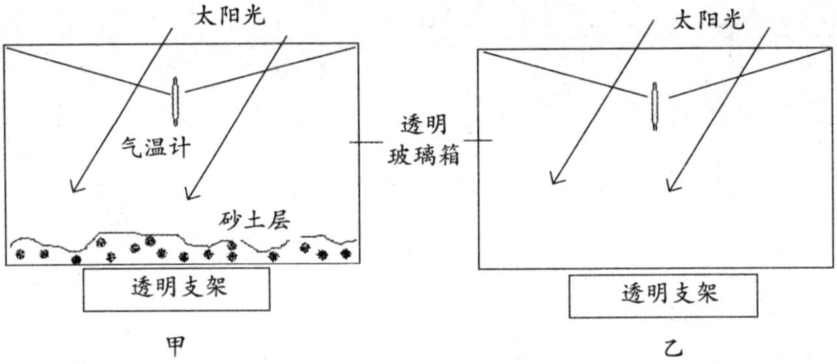

图 1　玻璃箱未遮蔽时有土、无土两种情况示意图

2. 负责实验一的两个小组每隔 15 分钟分别读取、记录两个玻璃箱内气温计的数据，连续读取 6 组。

3. 将透明玻璃箱盖上不透明隔热板（如图 2），隔绝太阳直接辐射。每隔 15 分钟分别读取、记录两个玻璃箱内气温计的数据，连续读取 6 组。

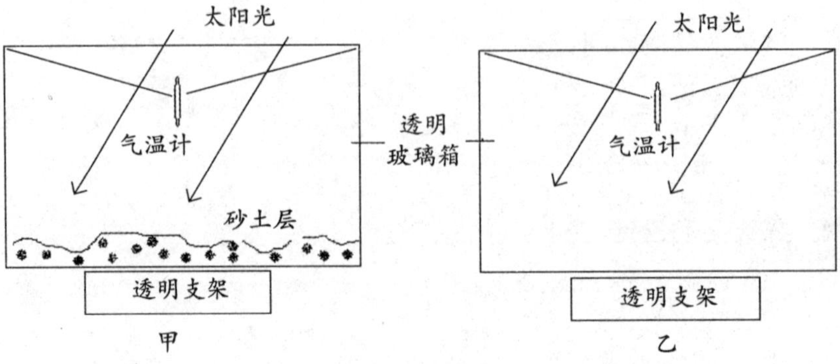

图 2　玻璃箱遮蔽时有土、无土两种情况示意图

实验二：

与实验一的不同之处在于玻璃箱底部先垫上不透明隔热板（如图3），读出6组气温数据后，盖上不透明隔热板，再读出6组气温数据，实验步骤同实验一。

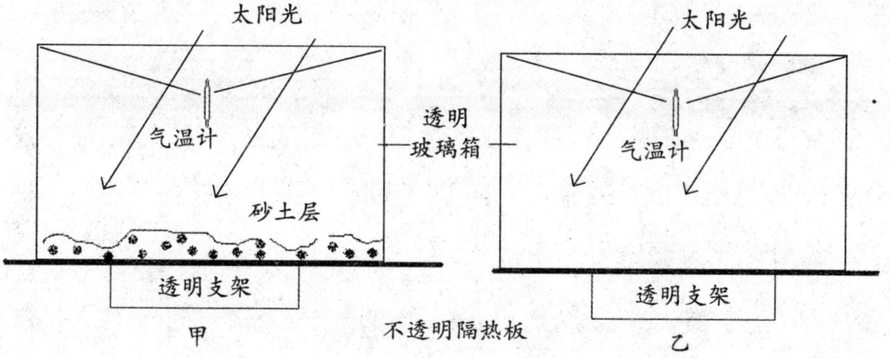

图3　底部垫上隔热垫时实验情况示意图

表1　实验记录表

组实验	气温读取时刻	有土玻璃箱气温	无土玻璃箱气温
玻璃箱顶部未遮蔽	11:15		
	11:30		
	11:45		
	12:00		
	12:15		
	12:30		
玻璃箱顶部遮蔽后	12:45		
	13:00		
	13:15		
	13:30		
	13:45		
	14:00		

（1）实验一中两个玻璃箱内的气温高低、变化有何不同？你认为原因是什么？

（2）实验二中两个玻璃箱内的气温高低、变化与实验一有何不同？你认为原因是什么？

（3）两组实验中有土的两个玻璃箱的气温高低、变化有何不同？你认为原因是什么？

（4）两组实验中无土的两个玻璃箱的气温高低、变化有何不同？你认为原因是什么？

（5）实验结果与你的预期有哪些不同？实验能否证实玻璃箱内的气温变化与哪一种辐射关系更密切？

七、评价标准

学生实验时是否积极参与，如实验过程中是否认真读取气温；能否得出正确的结论；实验后是否大胆质疑，并对该实验的不足之处提出了可行性改进措施。

八、设计依据及理由

该探究主题涉及大气的受热过程等方面的教学内容，其主要任务是通过实验求证近地面大气的主要直接热源，并通过科学探究实验，培养学生的动手实验能力与问题分析能力。

设计案例13

把握探究重点，培养学生的数据分析能力

——影响大气温度垂直变化的因素

江苏省常州市第一中学 孙 旭

一、案例主题

影响大气温度垂直变化的因素。

二、探究重点

大气温度在垂直方向上如何变化？受什么因素影响而变化？

三、教学对象

高一年级学生。

四、教学目标

1. 学会利用相关仪器测定气温；
2. 学会操控氢气球；
3. 学会提出假设；
4. 学会观察实验现象，并能设计实验验证假设；
5. 学会反思。

五、探究所需的设备与条件

氢气球、细线、电子温度计（可记录最高温度和最低温度）、记录本等。

图 1　氢气球

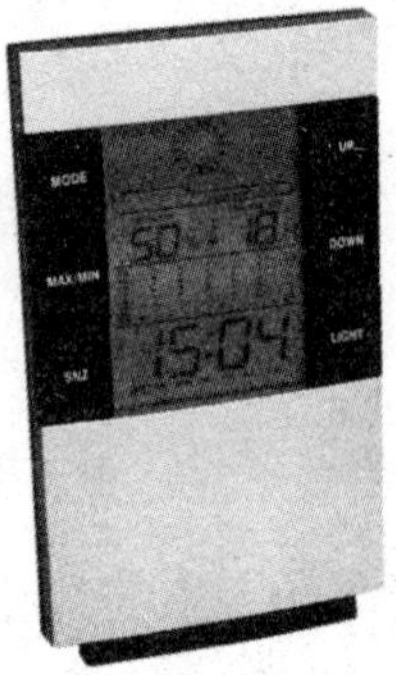

图 2　电子温度计

六、探究活动设计

（一）问题激发情境

师：有诗曰“高处不胜寒”，高处真的不胜寒吗？就让我们来测一测大气不同高度的温度吧！

（二）技能性实验

实验原理：在不同的海拔高度，大气温度会出现明显的变化。

实验步骤：

1. 将学生分成若干小组。选择一个无风的日子，分别测量不同高度的大气温度。每组 1 个氢气球、4 支电子温度计、若干米细线。

2. 放飞氢气球（带细线），每隔 500 米系上一支电子温度计。

3. 回收温度计，读取各温度计上的数值。

4. 做好记录并绘制温度——高度曲线图（图 3）。

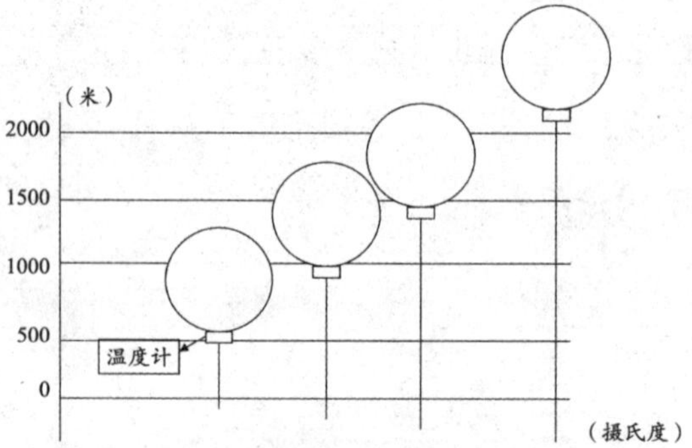

图 3　大气温度垂直变化示意图（忽略风的影响）

（三）设计性实验

高空的温度和地面的温度会有什么样的差异？

1. 小组讨论并提出猜想和假设。

2. 引导学生思考：如何设计实验方案来验证自己的假设？你所设计的实验中，自变量和因变量分别是什么？如何控制无关变量？

3. 确定假设后，各小组分别设计实验方案。

4. 实验方案经老师审阅并获批准后，各小组再开始实验。

5. 开始实验。

（四）交流与反思

1. 各小组汇总收集到的相关数据，观察不同时间段的数据。

表 1　观测统计表

时间	地面温度	500 米	1000 米	1500 米	2000 米
早晨					
中午					
黄昏					

2. 各小组分别分析实验所得主要数据，得出主要结论，并总结实验所获。

3. 各小组交流结论。

4. 讨论：

（1）高空和近地面的气温有何差异？

（2）高空和近地面的相对高度大约是多少？

（3）不同高度差的气温差值是否均等？为什么？

（4）不同时间的温度差异有何不同？为什么？

（5）影响气温垂直变化的因素有哪些？

七、评价标准

1. 学生的实验操作能力、数据记录能力；

2. 学生的实验数据分析能力。

八、设计依据及理由

该探究的主要任务是为了使学生了解大气温度变化和海拔高度的关系，从而认识和理解大气的受热因素，培养学生的动手操作能力和数据分析能力该探究主题涉及温室效应与人类活动关系方面的内容，其主要任务是探究温室效应强度的变化特征，旨在通过技能性实验让学生掌握相关的实验技能；通过实验来模拟温室效应，为学生自主设计实验来验证其假设作出铺垫；通过探究加深学生对影响温室效应的各种环境因素的认识，培养学生的动手操作能力与分析问题的能力。

设计案例 14

紧密结合探究任务，培养学生的实验操作能力

——影响局部地区小气候的因素

江苏省常州市第一中学　李万龙

一、案例主题

影响局部地区小气候的因素。

二、探究重点

影响局部地区小气候的因素有哪些?

三、教学对象

高一年级学生。

四、教学目标

1. 学会用相关仪器测定气温、相对湿度、风向和风速；
2. 学会设置自变量，观测因变量，控制无关变量；
3. 学会提出假设，并设计实验验证假设；
4. 学会反思。

五、探究所需的设备与条件

电子温湿度计、电子风速风向仪或风向标、风向袋、米尺。

图 1　电子风速风向仪

图 2　电子温湿度计

图 3　风向标

图 4　　风向袋

六、探究活动设计

（一）问题激发情境

师：随着经济的发展和家庭生活水平的提高，越来越多的同学选择在暑假外出旅游。庐山是我国著名的避暑胜地，下面是几条夏季庐山旅游小贴士：

1. 庐山昼夜温差比较大，白天气温比较高，夜晚比较低，晚上外出要穿长袖衣服，睡觉时要盖上棉被；

2. 庐山白天光照较强，因此白天外出时要带上防晒用品，最好戴帽子；

3. 庐山上雨比较多，风也比较大，要注意安全，打伞的时候要特别注意。

夏天常州市的天气很闷热，晚上没有空调很难入睡。从地图上看，庐山的纬度比常州市要低，为什么到庐山旅游还要带长袖衣裤？

图5　庐山风光

（二）技能性实验

1. 将学生分成若干小组。

2. 每小组一个电子温湿度计、一台电子风速风向仪（或风向标、风向袋）、一把米尺。

3. 将电子温湿度计放置在离地面一定距离的地方，可以是50cm、1m或2m，然后读取电子温湿度计上显示的数据并记录。

4. 将电子风速风向仪放在凳子上，读取风向和风速的数据并记录。

（三）设计性实验

1. 小组讨论影响局部地区小气候的因素有哪些，并提出猜想和假设。

2. 引导学生思考：如何设计实验来验证自己的假设？你所设计的实验中，自变量和因变量分别是什么？如何控制无关变量？

3. 各小组提出的假设：在不同的地点（如树林、操场、水泥路面），气温、湿度、风向和风速等气候因素存在差异；在不同的高度（如地面、楼顶），气温、湿度、风向和风速等气候因素存在差异。

4. 确定假设后，各小组设计实验，验证假设。如果实验设计所得结果与原假设一致，请学生反思实验的各个环节，并绘制思路图；如果实验所得结果与原假设不一致，请学生反思在实验过程中，是否对无关变量进行了控制，以及造成假设与实验结论差异的原因是什么。

实验方案应包括选择的地点、观测的时间、记录表格等。

5. 各小组交流实验方案，最后重新分配任务，分别选择树林、操场、水泥路面等不同地点进行观测，并统一观测时间，如6点、12点、18点或其他方便观测的时间。

6. 经老师审阅并获批准后再开始实验。

7. 进行实验。

（四）交流与反思

1. 各小组将收集到的相关数据绘制在图表上，图表中分别有不同地点和不同高度的温度、湿度数据及不同地点的风向和风速数据。

2. 各小组分别分析实验所得主要数据，得出结论，并总结实验所获。

3. 各小组交流。

4. 各小组讨论：

（1）不同地点的气温、湿度、风向和风速等气候因素有何差异？

（2）不同地点的气温、湿度随高度的变化有何不同？为什么？

（3）不同地点的风向和风速有何不同？为什么？

（4）哪些因素对小气候产生的影响最大？

七、评价标准

1. 学生在实验期间的表现：实验技能的掌握情况、设计实验的能力、合作能力、填写的实验记录单的质量等。

2. 学生在呈现实验数据、表达实验结果等方面所体现出来的能力。

八、设计依据及理由

该探究主题涉及影响局部地区小气候的各种因素，其主要任务是探究地面状况对局部地区小气候的影响，旨在通过探究培养学生的实验操作能力和数据分析能力。

设计案例 15

科学设计探究活动，引导学生透过现象抓住本质

——城市暴雨内涝的水循环变化的探索

浙江省回浦中学　郭素花

一、案例主题

影响城市暴雨内涝的水循环环节。

二、探究重点

城市化前后水循环环节发生了哪些变化?

三、教学对象

高一年级学生。

四、教学目标

1. 了解城市雨涝径流的特点；
2. 学会鉴定不同下垫面的滞水性、渗透性；
3. 知道下垫面是如何改变水文过程的。

五、探究所需的设备与条件

3 只量水杯、3 瓶 500mL 的自来水、3 个透明塑料盒、纱窗、草皮块、水泥块、手套等。

六、探究活动设计

（一）问题激发情境

师：近年来，我国部分城市遭遇暴雨时，常出现水漫街面、低洼处建筑被

浸泡等内涝现象，造成交通阻塞、财物损失甚至人员伤亡。请你试从水循环的角度，分析这些城市暴雨成灾的原因。

图 1　城市内涝景观图

（二）实验步骤

1. 在 3 个透明塑料盒上各放一个小纱窗。

2. 在第一个小纱窗上放上 15cm × 30cm 大的草皮块。

3. 在第二个纱窗上放上 15cm × 30cm 大的组合物（1/3 的草皮块和 2/3 的水泥块），并在其周围放置一圈障碍物以防止水流失。

4. 在第三个纱窗上放上 15cm × 30cm 大的水泥块，并在其周围放置一圈障碍物以防止水流失。

5. 分别在草皮块、组合物和水泥块上快速地洒上 500mL 的水。

安全警示：在实验过程中要戴好手套，注意安全，小心割伤手指。

6. 观察 2 ～ 5 分钟以后水会发生什么样的变化。

7. 测量分别有多少水通过草皮块、组合物和水泥块流入塑料盆。

（三）实验分析

上述实验步骤中的第 2 步模拟的是天然植被对水循环的影响，第 3 步模拟的是带有绿化带的城市道路系统对水循环的影响，第 4 步模拟的是城市硬化路面对水循环的影响。

（四）结论与应用

结论：大规模的城市建设，在很大程度上改变了原有的自然地理环境，如地形地貌、河流水文、森林植被等。例如，城市建设的过程使城市下垫面条件发生了明显的变化，大面积的天然植被和耕地为街道、工厂、住宅等建筑物占据，这使下垫面的滞水性、渗透性、热力状况均发生了明显的变化，每逢暴雨便排水不畅，极易造成地面积水。

应用：通过实验，思考如何使第三个塑料盒里的水多一些，即从水循环的角度探索减缓城市暴雨内涝的解决措施。学生的结论：增加城市的植被；广场、城市湿地、绿化带等地势低一点；人行道等路面尽可能多地铺设渗水砖；完善城市下水道系统；等等。

七、评价标准

1. 学生在实验期间的表现：实验技能的掌握情况、设计实验的能力、合作能力、填写的实验记录单的质量等。

2. 学生在呈现实验数据、表达实验结果等方面所体现出来的能力。

八、设计依据及理由

对影响城市暴雨内涝的水循环环节的探究，能让学生学会用科学的眼光来关注自己身边的事情，不仅关注事情的表面现象，而且会寻根溯源，并经过一系列的假设、实验、分析等环节找出引起城市暴雨内涝的真正原因所在，有效促进学生科学素养的提升。

设计案例16

运用角色扮演法，唤醒学生的主体意识

——我国水资源的现状及利用

宁夏银川三中　张　娜

一、案例主题

我国水资源的现状及利用。

二、探究重点

1. 我国水资源的时空分布特点有哪些？
2. 我国水资源时空分布不均的原因是什么？
3. 解决我国水资源时空分布不均的办法有哪些？
4. 如何在农业、工业、生活中节水？

三、教学对象

八年级学生。

四、教学目标

1. 养成节水意识；
2. 了解目前人类所能利用的淡水资源的分布与比重；
3. 我国水资源时空分布不均的特点及原因；
4. 能说出我国水资源的利用状况。

五、探究所需的设备与条件

八年级地理上册地图册水资源相关图表、图书馆内水资源的相关书报。

六、探究活动设计

（一）整体设计

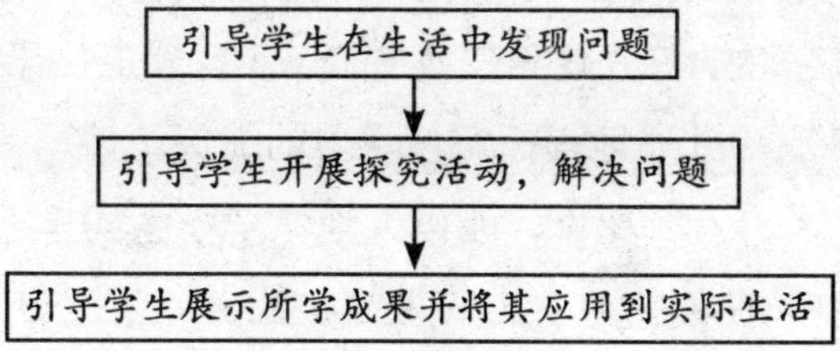

图 1　本探究主题活动整体设计思路

（二）具体设计

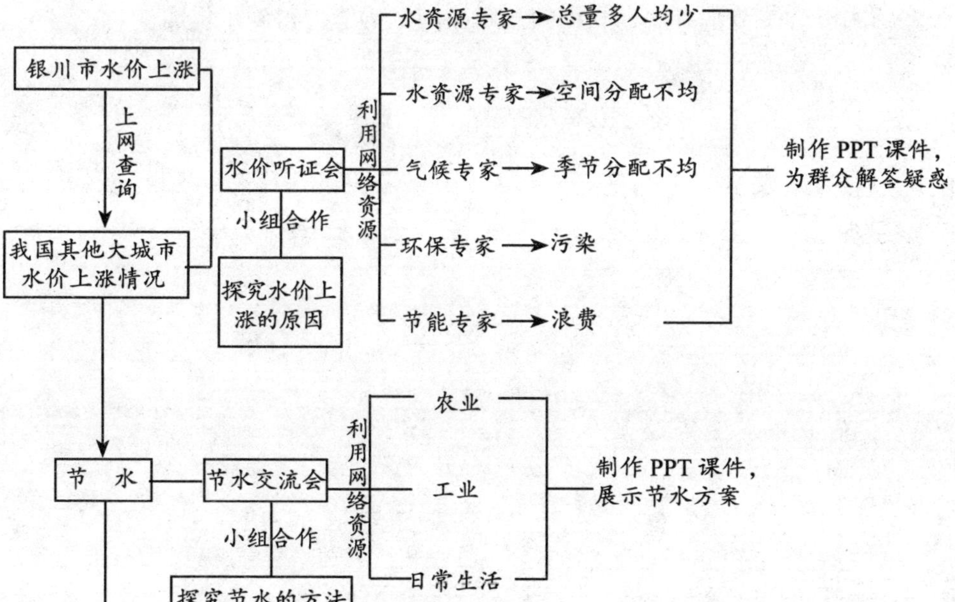

图 2　具体设计方案

七、评价措施与方法

制订"水价听证会"及"节水交流会"学生活动评价表、学生作品评价表，从主体内容、实践过程、实施效果、作品质量等对各小组及其成员的表现进行评价。

八、设计依据及理由

初中地理的重点是让学生关注地理现象和规律、掌握地理学习方法，而探究性学习更有利于学生主动关注和认识地理现象和规律。但是初中地理的内容繁杂，有些知识运用探究性学习方式不仅效率低，而且效果往往并不如接受学习好，因此，适合的主题是成功开展地理探究性学习的前提条件。

“水价上涨了”这一生活现象，能极大地激发学生的学习兴趣。为什么水价会上涨呢？这一问题很容易触动学生的神经，能引导学生分角色从水资源专家、气候专家、环保专家、节能专家的角度来探究水价上涨的原因。模拟水价听证会的形式唤醒了学生的主体意识，使学生能够积极寻找材料来支撑自己扮演的角色，从而深刻认识到我国水资源的现状及存在的问题。在“节水交流会”中学生找出了很多切实可行的节水方法，利用信息解决问题的能力得到了提高。

实施案例 1

加强“提问”环节设计，鼓励学生从学“答”走向学“问”

——地震

上海洋泾中学　王　珏

一、案例主题

地震。

二、教学对象

高一年级学生。

三、教学课时

1 课时。

四、教学目标

（一）知识与技能

1. 能够大概区分不同震级；
2. 学会运用 PPT 表达研究成果；
3. 学会计算震级的能量差异。

（二）过程与方法

1. 学会运用“5W”地理思维法，提出以“地震”为主题的 5 个相关问题，掌握简单、实用的提问技巧。

2. 熟悉以“台风”为主题的提问范例，然后以范例为基础打开思路，尝试发散性提问，并试着去解决一些有质量的探究式问题。

3. 学会用提问的方式表达疑惑；学会提问的一般方法和手段，逐步掌握主动发现问题、解决问题的方法。

（三）情感、态度与价值观

1. 激发好奇心和求知欲；

2. 进一步增强社会责任感及与自然和谐相处的人文精神。

五、教学重点、难点及教学方法与策略

（一）教学重点

引导学生提出有质量的问题并解决问题。

（二）教学难点

如何让学生学会独立思考、敢于质疑。

（三）教学方法与策略

充分利用范例模拟及范例启发。

六、教学资源的准备

多媒体设备、相关学习材料。

七、过程设计

（一）课前准备

学生依据教师设计的预习学案，主要完成以下三项预习任务：

任务一：在图中用★标注海地 7.3 级地震、智利 8.8 级地震、印度尼西亚苏门答腊岛附近海域 8.9 级地震（震中）的大致位置，并用彩色笔圈出所属的地震带，然后试着从教材中找出这些地区地震频发的原因和理论依据。

任务二：在震源和震中示意图中找到震源、震中、震源深度和震中距等地震要素。阅读教材“唐山大地震”专栏，分析唐山大地震所致损失巨大的原因，以及可能引发的次生灾害。

任务三：对教师提供的案例进行分析，计算地震震级的能量差异，解释地震震级大小和破坏程度之间的关系。

设计目的：预习活动能使学生大致了解教材的核心内容。

（二）课堂教学的启动和实施

1. 范例引导，总结方法

以台风为例提出问题，引导学生归纳出问题的主要指向，即地理思维“5W”法：What——地理事件，When——地理事件发生的时间，Where——地理事件发生的地点，Why——地理事件发生的原因，How——地理事件产生的影响、后果、解决措施等。

学生尝试运用“5W”法提出关于地震的5个主要问题。“5W”法符合地理思维的特点，学生很容易理解。

设计目的：使学生掌握最简单但又非常实用的提问技巧。

2. 范例引导，尝试提问

教师发散式提出关于台风的诸多问题，并提示提问的主要思路。这一环节旨在引发学生的学习兴趣，使其觉得意犹未尽，主动尝试补充。此时，再次转入地震主题，利用“5W”法并仿照关于台风的问题形式，让学生分组讨论、提出与地震相关的问题，打开学生的思路。

设计目的：在传统的地理课堂中，提问是学生陌生的一种学习形式，很多学生不会提问、不愿提问。但提问又是学生主动学习的重要标志，因此应在最初阶段合理选择范例，为学生提供一个宽松的氛围，让学生在模仿的过程中学会提出问题。

3. 范例引导，拓展思路

当讨论进行到一定阶段时，由于高一年级学生的相关知识储备和生活经验并不多，思考很难再深入下去，此时教师可下发事前准备的材料，拓展学生的思路，让学生在此基础上以其中的某一材料为例，针对这则材料提出多个相关问题。以下为提供给学生的学习材料目录：

资料1：智利、海地、汶川地震伤亡人数比较

资料2：美国洛杉矶两次地震损失比较

资料3：汶川地震

资料4：日本抗震经验

资料 5：上海“世博会”远大馆

资料 6：防灾应急箱

资料 7：地震预报

资料 8：帕克菲尔德小镇

资料 9：地震预报专家的观点

资料 10：地震谣言

资料 11：震后重建

资料 12：重建之路

举例——资料 5：上海“世博会”远大馆

“世博远大馆是一幢能抗 9 度地震的建筑。去远大馆参观可以选择地震屋体验一次‘地震’。地震屋模拟的是 8 级地震，可使体验者似在汶川地震的震中。‘地震’刚开始时，屋子只是轻轻晃动，随后越来越猛烈。”

针对这则材料，教师提出问题：

（1）远大馆是抗 9 级地震还是抗 9 度地震，两者是一回事吗？

（2）为什么远大馆能抗 9 度地震？

（3）世界上最牢固的房子能抗几度地震？

（4）我们的住房（学校）能抗几度地震？

（5）我们的住房（学校）设计标准是抗几度地震？

（6）横向的不规则震动是书上讲的横波吗？

……

学生通过阅读材料和教师的范例引导，应能依据主题，学会从不同角度、不同层次提出问题。

设计目的：当学生困惑时，及时给学生补充新的资料，拓展学生的思维，让学生在练习过程中提高综合思考问题的能力、举一反三，使学生真正地学会提出问题，同时也为学生提出有探究意义的问题做好铺垫。

4. 分类整理，提出有质量的问题

到一定阶段，会出现学生提出问题的数量多而质量不高的情况，有些问题本身是错误的，需要排除；有些问题过于简单、随意，比如科普性的，很容易得出答案；有些问题离题太远，甚至与教学目标无关；有些问题则无法探究。因此，每个学习小组都应将他们提出的问题进行分类和整理，选出前沿性、开放性、有探究价值的问题。

问题数量最多的小组首先发言，其他小组加以补充，教师则对个别问题进行补充，并对好的问题加以肯定。最后，每小组选出好的问题，学生选择有质量的或有探究意义的问题，教师给予评价，并挑选几个为学生探究所用。

设计目的：在学生掌握提出问题的方法后，使学生学会筛选探究意义的地理问题。

5. 范例引导，解决问题

结合学生的提问及本节课的学习重难点，教师选择了资料 3 中的一个问题：汶川地震怎么会有不同的震级？引导学生通过查阅课本、教学资源，了解震级的相关内容，学会计算震级的能量差异，之后还可让学生以投影仪或其他形式呈现探究过程。

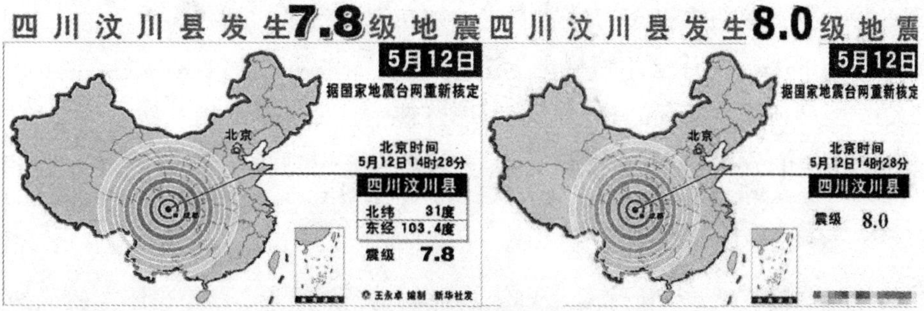

图 1　震级报道对比图

学生演示文稿片段：

（1）在查找资料的过程中，我们发现了两张几乎完全相同的关于汶川地震的震级、震中的地图，但报道的震级却不同。

（2）课本告诉我们：地震的震级是指地震释放能量的大小。所以，一次地震只有一个震级。

（3）于是我们猜测教材资料有错或者印刷出现错误。

（4）后来我们发现并非印刷错误，因为所有的教材都是一样的，然后我们又通过查找相应资料，找到了问题的答案和依据：地震参数是根据多个地震台站的记录来测定的，地震台站的记录越多，参数就越准确。从救援的角度看，需要在最短的时间内把地震发生的时间、地点和震级向公众发布，之后再通过进一步分析更多震台站的记录，给出最终修订结果。

对于其他具有探究价值的问题，可留做小组合作式课外作业，让学生在下一节课用 PPT 展示其资料收集、假设验证的探究过程及探究结果。

设计目的：旨在列举一个高质量的问题，为学生思考、展示探究的成果提供一个机会。因为课堂时间有限，很多有价值的问题来不及探究，这就需要学生把自己选好的问题放在课下来探究，教师还可以将其留做课外作业。

八、教学反思

在这一内容的教学实践中，我得到了一些启示：首先，应教给学生一些提问的方法和技巧。在新授课或第一堂绪论课时，可以让学生了解一些简单的提问技巧，鼓励学生提问，比如本节课使用的地理学科自身特有的“5W”设问法。其次，学生的提问需要范例的引导。除了提问的方法和技巧的训练外，范例引导可能是初期阶段引导学生提问的最佳方法。如在有关台风的问题引导下，一个小组提出了 22 个问题。应让学生慢慢地学会思考,从而增强学生的学习主动性。再次，应激发学生参与探究活动的热情。在引导过程中，教师应循循善诱，尽量保持学生对科学探究的好奇心，激发他们的探究兴趣。

九、专家点评

科学探究源于人类的好奇心、疑惑与求知欲，问题又是启发学生思维的源泉，因此组织探究活动应围绕一定的问题展开。在本节课的教学过程中，王老师要求学生提出有探究价值和科学意义的问题，并在此基础上培养了学生的科学探究精神和解决问题的能力。

本节课王老师使用了范例启发的教学方式。由于受到范例的启发，学生的思维非常活跃，主动参与性很强。首先，利用“5W”法和台风的例子，引导“头脑风暴”，帮助学生发现问题、提出问题。当学生的思维受限时，王老师为学生提供拓展思维的资料，引导学生或让学生独立发现问题、提出问题。几个范例由简到难，与学生实际探究的主题的性质、结构等基本一致，使学生在模仿范例的过程中学会了如何与教材或材料进行对话。在学生提出问题后，王老师又通过引导、组织学生讨论，让学生选出有质量的问题，并逐步将学生的注意力聚焦到多数学生感兴趣的、有探究条件和价值的问题上。王老师根据学生的提问和教材的重难点内容，进一步指导学生收集资料、解决问题、展示 PPT，不仅引导学生完成了对问题的探究，也巧妙地解决了学生提问与教材重难点之间的关系。

王老师的这节课很好地运用了地理学所特有的“5W”设问法，让学生掌握了提问的一般方法和手段。另外，本节课注重为学生的提问创设一定的条件或情境，采用了新的教学方法，营造了一个平等、宽松的课堂氛围，充分发挥了学生的想象力。

王老师着力于培养学生积极思考的习惯和主动发现问题、提出问题、解决问题的能力，对广大地理教师具有很好的借鉴意义：“教是为了不教”，提问不是“为了提问而提问”，让学生学会提问是为了维持学生对科学探究的好奇心，激发他们探究的兴趣，从而促使他们以科学的方法解疑答惑。

（点评人：华东师范大学　夏志芳教授　郭锋涛博士）

实施案例 2

紧扣重难点，引导学生自主探究

——“河流地貌的发育”探究性实验

安徽省合肥一中　方小培

一、案例主题

“河流地貌的发育”探究性实验。

二、教学对象

高一年级学生。

三、教学课时

2 课时。

四、教学目标

（一）知识与技能

1. 能简要阐述流水侵蚀地貌的形成和河谷的形成过程；

2. 能简要阐述流水堆积地貌的形成过程，能说出冲积平原的三个组成部分及其形成过程；

3. 能正确分析洪积扇、冲积扇、河漫滩平原、三角洲平原对聚落分布的影响。

（二）过程与方法

通过实验演示河谷的演变过程及河流地貌的各种形态，并能够分析不同阶段河流侵蚀作用的差异。

（三）情感、态度与价值观

1. 主动参与动手操作，保持好奇心和学习兴趣；
2. 树立物质是运动的、事物是在不断发展变化的辩证唯物主义观点。

五、教学重点、难点

（一）教学重点

1. 河谷的演变过程；
2. 流水堆积地貌的形成过程。

（二）教学难点

1. 河流侵蚀作用对河谷产生的影响；
2. 河流在凹岸侵蚀、凸岸堆积的现象。

六、教学资源的准备

托板、泥沙、海绵、空塑料瓶等。

七、过程设计

（一）问题引导，指导实验

首先，引导学生通过实验对相关知识进行探究。

师：注意观察实验，请描述所看到的现象，分析影响侵蚀作用的因素。

师：请描述观察到的堆积作用。通过查阅相关资料，你觉得此次实验有哪些不足之处？

师：观察河流地貌的形态，探究河流分布的影响因素。

其次，引导学生制订实验方案，并在实验过程中参与讨论，指导学生利用泥土、沙石等制作沙盘模型，模拟起伏的地表形态。在适当位置放上海绵表示地表植被，将刺有小细孔的饮料瓶装满水，通过小孔向外洒水，模拟大气降水过程。

最后，把学生分为四个实验小组，开展科学实验，制作模型，撰写实验报告，进行数据记录、检测和分析。

（二）学生动手实验，观察、分析实验现象

实验小组将他们的"实验室"搬到展台，小组长做报告，其他组员配合。

之后进入自由讨论阶段，讨论的主题是以下三个方面：侵蚀、堆积、河流地貌。

1. 关于侵蚀作用的观察与探究

生：我观察到侵蚀发生在山坡上，高处的泥沙因被水流侵蚀搬运而流失。

师：相信大家也都观察到了。那实验告诉我们流水等外力作用会造成什么结果呢？

生：削高填低。

师：很好。

生：在上游地区，河谷呈现明显的“V”字型，而下游的河谷宽阔一些。

生：河流的上游向源头侵蚀，并向下侵蚀，在中下游向两侧侵蚀。

生：在有植被覆盖的地方，流水侵蚀作用要弱一些。

图 1　学生制作的沙盘模型

生：降水量大，侵蚀作用强。

生：降水量大，不一定侵蚀作用强，侵蚀作用主要与降水强度大小有关，降水强度大则侵蚀作用强。

师：非常好！其实侵蚀作用的强度与很多因素有关，岩性、降水量大小、降水强度、坡度陡缓、植被覆盖情况等。有兴趣的小组可以在保持其他条件相同的情况下，对比观察某一个因素如坡度陡缓对侵蚀作用的影响。

2. 关于堆积作用的观察与探究

生：在高山上以侵蚀为主，地势低洼的地方则以堆积为主，堆积主要发生在平原、河口地区。

生：从山上最容易被冲下来的是疏松的沙子，黏质的土则不易被冲下来。

生：在河流中下游河段弯曲的地方，凸岸处堆积明显。在河流入海的地方，堆积作用明显。

生：按教材上所说，从上游到下游河流谷地中的颗粒物大小应由大到小，但我们的模型演示中看得不是特别清晰。

生：在河口地区，可以看到很细的泥沙堆积。上、中游地区颗粒物大小分异不清楚的原因可能是模型太小，不能准确地反映河流演变的自然过程。

师：大家都很认真、细致地进行了观察，对实验中出现的问题解释得也很好。由于时间尺度、空间的大小存在差异，实验模拟与客观实际总有一定差距。科学实验是用来分析、探究现实问题的重要手段，但要注意与现实之间的不同。为此，我们按照严格科学探究的方法，可以制作更合适的实验模型、采用更科学的方法，最好到大自然中去观察、研究。从上述实验可以看出，河流地貌有侵蚀地貌和堆积地貌两种。

3. 关于河流地貌的观察与讨论

生：河流是一种常见的地貌形态。

生：在干旱地区，河流稀少。

师：很好，河流地貌在湿润地区最为常见，而干旱地区多沙漠，高寒地区多冰川。

生：河流是大地的血脉，河流是有生命的。

生：河流在山区呈“V”字型，在平原地区展阔、蜿蜒。在河口地区水流分散。

生：流水作用是外力作用最突出的一种表现形式。（注意：学生能对现象加以概括与总结）

生：河流与内力作用也有一定的关系，山区的河流与平原地区的河流形态是不一样的。（注意：学生能进一步透过现象，理解内力作用与外力作用的关系）

师：很好，河流是外力作用的一种地貌形态，但外力与内力作用是一对矛盾统一体。在山区，河流多峡谷，在平原则多为宽谷；在山区，河流主要是向源头侵蚀和向下侵蚀，在平原则表现为侧蚀；在中下游和三角洲堆积作用显著。

八、教学反思

在探究过程中，模型是学生自己设计的，变量由学生自己控制，结论也是学生自己总结出来的，因此可以说，河流地貌的特征和形式的规律不是我直接告诉学生的，而是学生自己建构起来的，是学生自己发现的。在整个过程中，学生有较大的自主决策的机会和权力。自主的空间越大，学生越能发挥自主性，收获也越多。在实验过程中，学生同伴之间的互动越频繁，越容易形成真正的学习共同体。从学生的精神状态与情绪表现来看，学生的学习兴趣浓厚，学习效率较高。

九、专家点评

本节课通过实验的方式，让学生模拟河流的演化过程与侵蚀、堆积作用以及河流地貌的形成过程，摆脱了传统的灌输式教学模式，充分发挥了学生学习的自主性。在教师的指导下，学生自主设计、操作实验，既有探究的一系列步骤与外显活动，又抓住了探究式学习的核心与本质，突出了学生知识的自主建构。可以说，这是真正意义上的探究式学习，体现了探究式学习的实质与灵魂。

学生才是课堂的主体，只有充分调动学生的积极性、创造性，才有可能上一堂好课；只有真正满足学生的需求，教师才真正地完成了教学任务。学生才是课堂的真正主人。

让学生自行设计实验、自行观察，引导学生探究河流地貌，使学生将书本上的知识与实验有机地结合起来，才能实现真正的探究。关注动态生成，关注学生认知能力的提高，让学生的思想闪光，这正是我们所追求的！

（点评人：华东师范大学　夏志芳教授　郭锋涛博士）

实施案例3

深入自然大胆尝试，让地理教育走向“田野”

——到大自然中去探究“河流地貌的发育”

安徽省合肥一中　倪宏忠

一、案例主题

到大自然中去探究“河流地貌的发育”。

二、教学对象

高一年级学生。

三、教学课时

5课时。

四、教学目标

（一）知识与技能

1. 探究影响流水侵蚀的因素，能够阐述流水侵蚀地貌和河谷的形成过程；

2. 能简要阐述流水堆积地貌的形成过程，并能结合河漫滩分析其地貌特征；

3. 学会分析河流地貌对聚落和交通线分布的影响。

（二）过程与方法

1. 能通过亲身体会、运用观察法综合分析流水侵蚀的影响因素；

2. 分组讨论，能运用讨论法、探究法分析河谷地貌的形成过程；

3. 能实地观察、测量河湾处河谷和河床的宽度，测量、比较凹岸和凸岸附近的流水速度差异。

（三）情感、态度与价值观

1. 通过攀爬山谷，磨炼意志，懂得热爱生活；
2. 置身于大自然这一天然课堂，亲近自然，陶冶情操；
3. 学会用发展和辩证的观点去分析、认识问题。

五、教学重点、难点

（一）教学重点

1. 河谷的演变过程；
2. 流水堆积地貌的形成过程；
3. 河流地貌对聚落分布的影响。

（二）教学难点

1. 河流侵蚀作用对河谷产生的影响；
2. 河流在凹岸侵蚀、凸岸堆积作用。

六、教具、实验室等教学资源

卷尺、矿泉水瓶、秒表等。

七、过程设计

（一）观察：河水的力量、河滩上的堆积物

师生从上游至下游沿途观察河滩中的石头，记录拍照；收集石头并标记。

图 1　学生赤足在水中观察石头

图 2　上游和中游河滩中的岩石

生：从上游到下游，河中的石头越来越小。

生：山区的河床上布满大石头，因为山区的河流陡，并且山上有大石头。

生：山区的河床陡，水流速度快，能从山上将大石头“搬”下来。

生：越到下游，河流就越宽阔，水量也越来越大。

生：越往下游，河流越来越宽，坡度变缓，流速减慢，只能搬运较细的泥沙了。

师：河流堆积的顺序有一定的规律，请同学们分析并说明。

生：大家看，这块石头表面为什么会是这样？

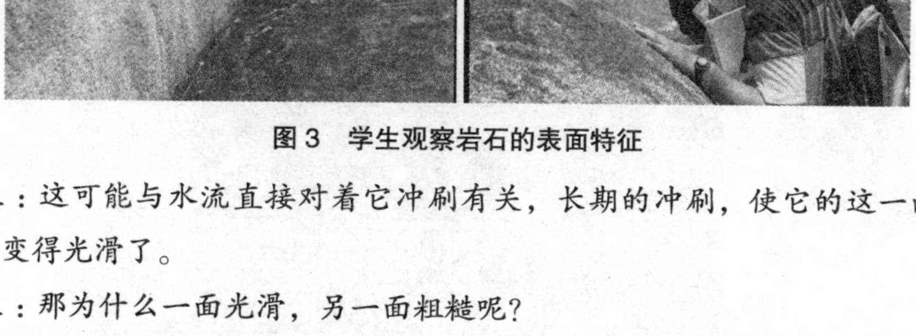

图 3　学生观察岩石的表面特征

生：这可能与水流直接对着它冲刷有关，长期的冲刷，使它的这一面受到侵蚀，变得光滑了。

生：那为什么一面光滑，另一面粗糙呢？

师：这块石头的形状是很特别，这很可能与流水的侵蚀有关，还与岩石的岩性有关。如果岩性较软，就易受到风化和流水侵蚀，岩性较硬，就不容易被侵

蚀。你们看，流水也“欺软怕硬”。（学生笑）

生：（指着河边）那几棵树真特别，它们都朝着一个方向倾斜！

图4　河流附近倾斜的树木

生：可能是发洪水时，水流速度大、流量大，将这些在河谷两旁的树冲歪了。

师：流水的力量真大啊！它可以塑造地表形态，影响到地理环境。

（二）观察河流地貌

师：同学们，河流是大地的血脉，大家要注意观察河流地貌有什么特点。

生：上游的河流，切入地下较深，下游的河流多呈现弯弯曲曲状，河谷也变得宽阔一些。

生：今天我们观察到河岸边的沙石、深切的谷地等，还有两岸边较为低平的滩地。

生：一条河流从上游到下游，形态有很大的不同。

师：河流是重要的地貌形态，同时它也是塑造地表形态的重要外力。

生：大家看，这个地方的河流呈“S”型，它是由两个弯道组成的。

图5　弯曲河段

生：河水为什么在弯道的一侧流？

师：是的，你观察得很仔细，我们一起到河谷中找找原因吧。

生：河水始终靠近凹岸一侧流，是因为凸岸一侧河滩堆积比凹岸一侧要宽且高。

师：同学们，大家可以测算一下河流两侧的水流速度。

学生一起动手，将空矿泉水瓶分别放在凹岸边和凸岸边漂流，测算水流速度。

图6　放矿泉水瓶

图7　取矿泉水瓶

图8　计时

图9　实地测量

生：我们通过测算，发现该处凹岸一侧的水流速度要比凸岸一侧快。

师：请大家观察河流凹岸和凸岸的流水作用表现形式，找一找原因。

生：我知道了，在河流的凹岸处水流速度快，主要表现为侵蚀作用；凸岸处水流速度慢，主要表现为堆积作用。所以凸岸的河滩比凹岸要宽，水始终靠近凹岸一侧流。

师：你说得非常好。河水如果始终在凹岸侵蚀、凸岸堆积，若干年后，该处的河道会如何变化？

生：那河道就变得更加弯曲了。

生：（指着图10说，图10见下页）对，河水不断地侵蚀凹岸，同时在凸岸堆积，河道就会变成这样。

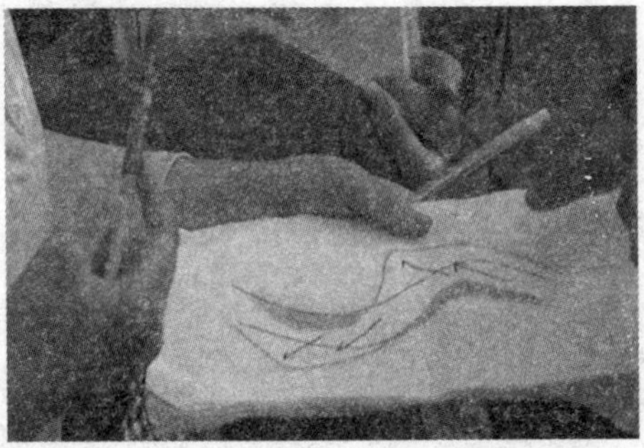

图 10　河流弯曲变化趋势

师：分析得非常好！河流地貌的发育是流水不断地塑造地表形态的结果，它是一个时空变化的过程，今天我们见到的这个“S”型河道仅是河流发育过程中的一个缩影。大自然在不断变化，我们也要学会用发展的眼光看待自然界中的万物。

（三）河流与人类生产和生活

生：这里的公路是沿着河谷修建的。

图 11　沿河谷公路

生：受大山的阻挡，沿着河谷修建公路工程量较小。

生：为什么这儿的农民房屋都在沿河附近？

图 12　河流附近的民居分布

生：易取得水源，而且地形较为平坦。

生：这里地势较平坦一些，土壤比较肥沃，发展农业的条件优越。

生：这里的小河有利于通航，便于人们生产和生活。

师：河流与人类的生产、生活密切相关，早期山区公路大多沿着河流修建，岸边也常成为人们的聚居地和农业生产地。

生：我认为大自然中的万事万物都是有生命的，我想河流也是有生命的。

师：这是个非常有意思的话题。我们今天考察的河流，从大山里走来，一路蜿蜒，克服重重险阻，奔腾向前，这正像我们的人生，无论面对什么样的艰难险阻，都要克服困难、永往直前。

八、教学反思

在深入大自然的过程中，学生学会了用独特的眼光看待自然界万物，学会了如何去发现身边的问题，如行进过程中不断发现岩石的擦痕、树木的倾向、民居的选址等问题，还引发了集体的探究。还有些学生对于河流的堆积物颗粒、分布特点也提出了自己独到的见解。

在野外实践过程中，一名男生在趟小河时脚被石头划破了，但他一声不吭；有位女生体力弱一点，同学便主动帮她背包。互相帮助，互相鼓励，一幕幕感人的镜头让人难忘。山路的艰辛磨砺了学生的意志，让他们在大自然中感悟到了人生的真谛。

九、专家点评

实施案例 2 和实施案例 3 同课异构，虽然采用的教学方法差异很大，但本质上都是科学探究课，一为科学实验，另一是野外考察。这两次教学活动共同的成功之处是发挥了科学探究的效用，在实践过程中，学生体验到了科学探究、创新实践的乐趣。对于传统的课堂教学来说，这两次教学活动都有一定程度的改革和创新。创新是优秀课堂的生命，实践是教学本质的诉求。创新实践、育人为本是每位教育工作者的神圣使命。

实施案例 2 由学生设计实验，学生通过实验来观察、记录并发现、探究问题。由学生设计实验、分析问题是这节课成功之处。学生制作的模型、翔实的实验报告、实事求是的科学探究过程，让我们感受到了学生的创造能力和实验能力！

实施案例 3 中，教师带领学生投身于大自然的怀抱，亲近山水，求真求实，互帮互学，团队合作，陶冶了情操，使学生深切感悟到了自然美。在大自然中发现问题、分析问题和解决问题，以及学生率真的提问、认真的探究，与大自然融为一体的快乐、在大自然中锻炼意志品质是这堂课的亮点。

（点评人：华东师范大学　夏志芳教授　郭锋涛博士）

实施案例 4

精心设计问题，激发学生的探究欲望

——美丽的石头能说话

上海仙霞中学　赖才炎　赵　园　赵艳铭　赵　红

一、案例主题

美丽的石头能说话。

二、教学对象

高一年级学生。

三、教学课时

1 课时。

四、教学目标

（一）知识与技能

1. 能阐述不同岩石的形成环境和条件；
2. 能说出不同岩石的特点。

（二）过程与方法

通过观察不同岩石的外观特点、收集不同岩石的形成条件和特点的相关资料以及比较不同岩石的特点，学会区分不同的岩石。

（三）情感、态度与价值观

通过角色扮演法，对岩石研究产生兴趣。

五、教学重点、难点

（一）教学重点

1. 观察岩石的方法；

2. 收集资料的方法。

（二）教学难点

不同岩石的区分方法。

六、教学资源的准备

岩石标本等。

七、过程设计

对于一块块没有生命的岩石，怎么样才能让学生不仅得到视觉上的感受，而且能激发学生进一步探究的好奇心、保持对地理事物浓厚的兴趣呢？

第一步：将学生领入地理岩石标本实验室，让学生自由观察各色各样的岩石。

学生对于很多岩石只是听说过，没有见过。美丽的岩石在一定程度上会激发学生的好奇心，促使他们仔细地观察。但学生在观察过程中容易走马观花，有的学生只是近距离接触了岩石，或只了解了几个漂亮石头的名字，其他一无所获。因此，教师需要在此过程中加以引导。

第二步：教师拿出一块岩石，对学生进行引导。

师：大家注意，岩石要说话啦！（吸引学生的注意力）

师：大家好！我来自新疆，生长于蒸发旺盛的盐湖沉积物中。你们觉得我漂亮吗？（可模仿一些卡通或机器人的声音）你觉得我长得像什么？

生：玫瑰花！

师：（再拿起一块同类岩石）你们猜得很好，大家再来看看我的姐妹，像不像玫瑰，所以人类把我们称为“沙漠玫瑰”（图略），但是我们没有叶和刺。关于我们，还有一个美丽的传说：相传浩瀚的戈壁滩里，有一种生长了千万年的石头，它是一种植物的结晶体。这种植物的种子天生成对，开花后根茎相连，花如玫瑰；如果其中一株死亡，另一株也不再开花，并且将慢慢枯萎……万年后它们的躯体与沙子结合，便会变成一种奇特的“花朵”，没有生命但永不凋谢，成为象征恒久爱情的“沙漠玫瑰”。现在有一个问题：你们说我是结晶的结果，还是风蚀的产物?

生：我觉得应该是沉积作用，因为它形成于盐湖的沉积物中。

生：应该是风蚀作用，要不然怎么会像雕刻一样呢?

……

师：大家说得很好，到底是什么原因呢？一会我们再继续进行探究。现在大家两人一小组，仔细观察后，想象一下如果你就是一块美丽的石头，你怎么介绍自己呢？（学生讨论）

第三步：学生观察，让石头“说话”

在讨论的过程中，请每一个小组记录各自提出的问题。

生:大家好！我来自于浙江德清，是天然的二氧化硅胶凝体，姿色貌似蛋白，所以人们叫我“蛋白石”（图略）。我有多种用途，可作宝石或工艺品材料。你们知道我是如何“蛋”生的吗?

生:大家好,我（毛沸石）来自印度,大家看我的身体里长着一簇簇白色的“柔毛”（图略），这可不是胡子哦！不信你们摸摸，这些“柔毛”既不扎手，也不会脱落。你们知道我身上毛茸茸的东西是什么吗?

生：这里估计数我（硅化木）的年龄最大了，亿万年前我还是植物的时候，一场大自然的剧变将我的茎干掩埋地下。后来我的体内发生了变化,变身为石（图略）了。人老了就想家了，你们能帮我找到我的同伴吗?

第四步：引导学生选择问题，为学生提供参考资料帮助学生探究、求证。对于一时解决不了的问题，鼓励学生课下通过其他方式解决，并让学生汇报自己探究的过程和结果。

岩石标签设计举例：

1.“沙漠玫瑰”产自新疆，形成于蒸发作用强烈的盐湖地区。“我是结晶的结果，还是风蚀的产物？”

2. 镜铁产自四川，其中布满了白色小晶柱，形似菊花，晶莹透亮，极具观赏价值。“我为什么被称为‘镜铁’呢？”

3. 蛋白石产自浙江德清，是天然的二氧化硅胶凝体，姿色貌似蛋白。色美者可作宝石或工艺品材料。“知道我是如何‘蛋’生的吗？”

4. 青金石产自巴勒斯坦，是古老的玉石品种之一，形成于高温变质石灰岩，条痕呈鲜艳的蓝色。“你知道我青蓝色的肌肤是如何形成的吗？”

5. 重晶石的晶体聚集在一起可形成玫瑰花形状或分叉的晶块。“如何判断我是岩石还是矿物呢？”

6. 毛沸石产自印度，其最大的特点在于其中长着一簇簇白色的柔毛，摸上去不扎手，不会脱落，甚是有趣。“我身上毛茸茸的东西是什么？”

7. 雄黄产自湖南，雄黄是含砷的主要矿石，加热后会发出浓浓的蒜臭味。“我为什么能驱邪消毒呢？”

8. 天河石产自云南，呈蓝色和蓝绿色，半透明或微透明，与翡翠相似，可用作雕刻。“你知道我有哪些神秘传说吗？”

9. 孔雀石产自美国，优质的孔雀石可用于制作宝石、首饰或雕刻高级工艺品。“我呈现的绿色和翡翠的绿色有差别吗？”

10. 恐龙蛋化石一端略小，两头呈弧圆状，外壳坚厚易保存。“在高科技发达的今天，我还能孵出小恐龙吗？”

八、教学反思

学校建设了地理岩石标本实验室，所以我们将其作为培养学生地理学习兴趣和探究能力的载体。第一次开放地理岩石标本实验室时，学生只是走马观花般地转了一圈就出来了。这引起了我们的反思：怎样才能使地理岩石标本实验室发挥更大的作用呢？经过精心设计，我们在原来直接向学生呈现石头的名称、成因、产地等基本资料的基础上，以拟人的语气，在每块石头旁放了一个标签。之后，在带领学生参观时，我们进行了一定的教学设计，力求调动学生的探究积极性。第二次带领学生参观地理岩石标本实验室时，取得了良好的学习效果，学生对一块块岩石充满了好奇，标签上的问题激发了学生强烈的探究欲望。

九、专家点评

当前，许多学校建设了地理专用教室、地理标本实验室、校园天文台、气象园等可用于地理探究学习的专用场所。然而，根据我们的调查，许多地理教师无法充分发挥这些设施的功效。怎样更好地利用这些设施提高学生科学探究的能力是值得我们思考的一个问题。在该案例中，上海仙霞中学的地理组老师不仅精心布置了地理岩石标本实验室，而且还进行了精心的教学设计，收到了较好的教学效果。

地理组老师对地理岩石标本实验室中的300余块岩石的标签进行了精心的设计，力求让每一块岩石都能“说话”，带给学生可探究的问题，这激发了学生的探究兴趣。对于这些问题的设计，几位老师颇费心思，力求既要让这些问题凸显岩石的特点，又要让这些问题贴近学生的心理特点。

（点评人：华东师范大学　夏志芳教授）

实施案例5

利用多种教学手段，深入挖掘地理学史

——海陆的变迁

武汉市京汉学校　赵兴燕

一、案例主题

海陆的变迁。

二、教学对象

七年级学生。

三、教学课时

1课时。

四、教学目标

（一）知识与技能

1. 能运用实例说明海陆的变迁过程，说明海陆处在不断运动和变化之中；
2. 能说出大陆漂移假说和板块学说的基本观点；
3. 能据图归纳世界火山地震的分布特点及其与板块运动的关系；
4. 提高自身的读图析图、想象思维和发现问题的能力。

（二）过程与方法

1. 通过探究活动，在层层探究、步步求证的学习过程中，初步掌握探究问题的思路和方法；
2. 通过拼图和绘图，提升读图能力、绘图能力和推理能力；

3. 通过做游戏和模拟演示等途径，了解板块相互间的运动变化过程及所导致的现象。

（三）情感、态度与价值观

1. 通过对本节课的学习，树立海陆是不断运动变化的辩证唯物主义观点；

2. 通过对魏格纳探究事迹的学习，逐步养成细心、坚韧、勇于探究的科学精神。

五、教学重点、难点

（一）教学重点

1. 板块学说的基本内容；

2. 世界火山地震的分布规律。

（二）教学难点

1. 大陆漂移假说；

2. 世界火山地震的分布及其与板块运动的关系。

六、教学资源的准备

自制课件、印有化石和古岩层的非洲和南美洲轮廓图（每两人一份）、勾线笔和画图纸（每组一份）。

七、教学过程

（一）教师视频导入，演示沧海桑田

师（播放电影《日本沉没》的片段）：第一，这段影片，告诉了我们关于日本的哪些信息？第二，这只是科幻片中科学家的预测，日本真会沉没吗？现实世界也有像影片中的日本一样由陆地变成海洋或海洋变成陆地的情况吗？请举例。（学生回答、举例）

教师展示图片"喜马拉雅山脉的海洋生物化石"。

师：喜马拉雅山脉上为什么会有海洋生物化石？

教师放映"深沪湾海底的森林遗迹"景观图。

师：海底为什么会有森林的遗迹？

师：以上众多例子表明，海陆是变化的，那么现今的海陆轮廓是怎样形成的？

七大洲、四大洋的分布是固定不变的吗？

（二）学生大胆猜想，求证大陆漂移

教师展示图片“现在的海陆分布”。

师：非洲与南美洲的大陆轮廓有什么特点？

学生观察大西洋两岸轮廓特点，并猜想二者的关系。

师：南美洲和非洲可以拼合在一起吗？我们试试吧！

学生拼合“非洲”和“南美洲”的轮廓，验证猜想。

师：南美洲和非洲可以拼合在一起只是一个巧合吗？请大家设想一下都有哪些可能。

学生讨论并进行大胆假设。

师：最早发现南美洲和非洲可以拼合在一起的是一百多年前的德国科学家魏格纳，他由此创立了一个伟大的科学假说。魏格纳是了不起的，他身上有很多值得我们学习的东西，你最佩服魏格纳什么？

学生思考并表达自己的观点。

师：同学们对魏格纳的科学精神领悟得很透彻，同时我们还应学到一些科学方法：观察现象——发现问题——提出问题——作出假设——寻找证据——验证假设——形成结论。接着我们就来了解魏格纳的大陆漂移假说。

教师放映魏格纳的大陆漂移假说，学生齐读。教师放映有关魏格纳的大陆漂移假说的动画。

师：魏格纳为了证明其假说的正确性，穷其一生都在寻找证据，现在我们也来帮他找一些证据吧！在找证据之前，我们先来做两个活动。

活动一：我为小书寻找另一半

教师拿出剪裁轮廓一样的几本书让学生寻找其中一本的另一半，学生寻找并说出证据：图片、文字、轮廓、颜色、纸质都是吻合的。

活动二：以小组为单位找寻能证明大陆漂移假说的证据

教师展示图片“古生物化石分布”，学生读此图和活动一的资料图寻找证据。

师：魏格纳的大陆漂移假说是有根据的，现代科学已经精确地测量出各大陆之间的地形数据，但是魏格纳的观点就完美吗？你对他的观点有何疑问？

生：这么大的陆地怎么会漂移，哪里来的力量呢？

（三）学生参与游戏，理解板块运动

教师展示图片“地球内部圈层图”，并加以讲解。

师：地壳并不是完整的一块，而是大致分为六大板块。

教师展示图片“六大板块示意图”，让学生速记六大板块的名称和位置并设置抢答环节。

师：板块与板块之间在地幔的对流作用下不断运动，这种运动按板块的运动方向可分为挤压运动和张裂运动两种，不同的运动会产生什么现象？板块运动会对地表形态产生哪些影响？

“挤油渣”游戏：12 名学生分成 A、B、C、D 四组，每组代表一个板块，相互挤压，如 A →← BC →← D。

师：A、B、C、D 组间的距离缩小了，后来 A、B 组与 C、D 组中间的同学被挤出来了。如果 A、B、C、D 是地球上的板块，A、B 组与 C、D 组中间会有哪些现象？

教师放映动画，演示喜马拉雅山脉的形成过程。

学生（小结）：碰撞挤压，海消山起。

师：全球哪些地方会“海消山起”呢？

学生就板块运动的方向查找可能形成山脉的地方。

教师展示图片“世界主要山脉分布”。

师：B、C 组是向相反方向运动，如果间距逐渐拉大了，地球表面又会发生什么现象呢？

学生回答。

师展示图片“张裂运动”。学生总结板块运动对地表形态的影响。

学生小结：张裂运动，裂谷为洋。

（四）学以致用，绘图表达

师：板块与板块相互运动时，海消山起或裂谷为洋都在缓慢进行，我们根本感觉不到，但是有时这种运动却会有剧烈的表现，这种表现就是“火山”“地震”。

教师展示图片“火山、地震带分布”。

师：仔细观察火山地震带分布在哪些地方。

生：都集中在板块与板块交界处。

师：板块内部比较稳定；板块交界的地带比较活跃，多火山和地震。

师：武汉是否多火山和地震？为什么？

生：武汉位于亚欧板块的内部，相对比较稳定，所以火山爆发和发生地震的几率较小。

师：板块是运动的，板块运动引起大陆漂移，大陆漂移又改变了海陆的分布，我们今天见到的地表形态仅仅是地球漫长发展过程中的一个小镜头而已。那么根据现在各板块之间的运动趋势，2.5亿年后海陆又将如何分布呢？现在就以小组为单位，讨论并猜想未来的海陆轮廓，然后将未来的海陆分布绘制在纸上。看看哪一组的同学的猜想会和科学家的猜想相近或相同。

学生讨论并绘图。

教师放映“2.5亿年后的海陆分布图”，评出最佳作品，并授予该组最具潜力奖。

（五）教师课堂小结，板书设计

第二节　海陆的变迁

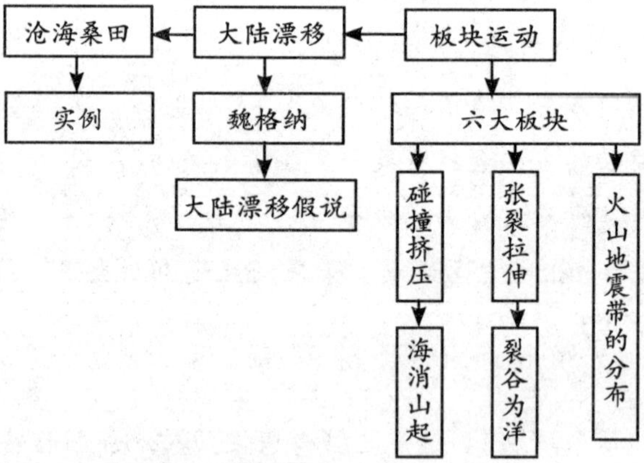

师：这节课我们学到了哪些知识和方法？

……

八、教学反思

本节课采用启发探究式教学，以问题为探究学习的起点和方向，力求从学生感兴趣的地理现象入手，通过做游戏、多媒体演示等多种教学手段，逐步培养学生的读图析图技能、自主学习能力和合作探究精神，教学目标圆满达成，教学效果较为理想。

九、专家点评

“海陆的变迁”一课包括“沧海桑田”“大陆漂移”“板块运动”三个部分，重点为板块构造学说。该课是一堂较为典型的探究学习课，体现为：

1. 教师对探究的要素进行了深入思考和精心设计。例如，赵老师对提问、猜想、假设等要素的设计，较为深入、细致，这为本课的成功打下了基础。平时接触的一些所谓的探究课中，给我们的感觉大多探究味道不浓，究其原因，就在于教师对探究各个要素的设计不够深入、细致。

2. 充分利用地理学史开展探究。利用地理学史进行“探究之探究”是探究学习的重要类型。所谓探究之探究，是指教师为学生提供科学史或者当代科学家对某些科学问题的探究资料，学生针对研究的细节如研究的问题、收集的数据、技术在研究中所起的作用、对数据的解释以及科学家所作的结论等展开的研究。“探究之探究”教学方式最早由教育家施瓦布提出，经过半个世纪的发展，现在已经成为培养学生科学探究能力的重要途径和方式。本课利用了地理学史上著名的魏格纳的大陆漂移假说来引导学生开展探究。初中地理教学中还有很多有待挖掘的基于地理学史的探究主题，广大初中地理教师在今后的教学中应不断挖掘。

进一步提升的建议：

1. 教师在“猜想与假设”这一环节，不仅要启发学生猜想与假设，还可以将学生的猜想与假设中的关键词写在黑板上，将学生的思维成果呈现出来，让学生对已有的猜想与假设进行评价、鉴别，比较哪些猜想与假设更有质量。

2. 一般探究学习的步骤包括：一是独立思考，自主探究；二是小组互助；三是班级展示；四是师生互评。通过这样四步，可以让每个学生参与探究、深入探究。该课在怎样让每个学生都参与探究的广度方面有所欠缺。听课过程中，我感受到有几位学生很踊跃，但部分学生还是充当了“旁观者”的角色。因此可以改进教学设计，让所有的学生参与探究，让学生在独立思考、探究的基础上进一步加强合作。如果一开始就是合作，容易使一部分学生无法参与其中，要注意探究的深度和广度的有机结合。

（点评人：华东师范大学　夏志芳教授、浙江师范大学　张建珍副教授）

实施案例 6

结合生活情境，培养学生的创新思维

——自然界中的水循环

福州高级中学　黄莹莹

一、案例主题

自然界中的水循环。

二、教学对象

高一年级学生。

三、教学课时

1 课时。

四、教学目标

（一）知识与技能

1. 能说出水圈的构成和特点；
2. 能绘制示意图表示水循环的过程，并掌握其主要环节；
3. 能阐述水循环的地理意义；
4. 能运用水循环的原理分析常见的人类活动对水资源的影响。

（二）过程与方法

1. 通过设计水循环的实验，能说出水循环的类型和过程；
2. 能说出水圈的组成及其与陆地水体的关系。

（三）情感、态度与价值观

1. 初步树立事物是普遍联系的辩证观点；

2. 树立正确认识和利用自然规律、实现人类与环境的和谐发展的观念。

五、教学重点、难点

（一）教学重点

1. 陆地水体的关系和补给方式；
2. 水循环的类型和环节。

（二）教学难点

水循环的实验演示。

六、教学资源的准备

投影仪、实物展示台、水循环实验器材、实验报告表等。

七、教学过程

探究一：陆地水体的关系	专家点评
师：许多同学都在福州生活了很多年。大家对闽江应该是再熟悉不过了，可以说它是福州人民的母亲河。同学们从小就喝闽江的水长大，那么大家觉得闽江的水有没有明显变少呢？ 生：没有。 师：那这就奇怪了，每天除了大家的生活用水，还有大量工业用水、农业用水都是闽江提供的，可为什么闽江的水十几年来没有变少呢？ 生：雨水可以补充河水。 生：我们用过的水也会流回闽江。 生：闽江水最后都流到海里了，为什么闽江水没有变少？ 师：对啊，闽江水最后都流到海里了，为什么闽江水不会少呢？海里的水会不会回到闽江呢？你提出了一个很好的问题，我们等会儿再看看如何解决这个问题。 师：同学们还有没有补充？ 生：我想除了雨水，还有湖泊水。 师：好，大家说了几种可能，那我们现在来看看课本的这张图，看看图中的这条河流有哪些补给方式？	亮点1：选取学生最熟悉的身边的生活现象引入知识点，能够激发学生的学习兴趣。

（续表）

生（观察图片）：雨水补给、冰雪融水补给、湖泊补给、地下水补给。 师：流回闽江的水应该属于哪种补给呢？ 生：我们用过的水是脏的，进入下水道后，要经过处理，不然会污染环境。这属于地下水补给。 师：首先，这位同学有很强的环境保护意识，值得表扬，但是他说这是属于地下水补给，大家认为他说得对吗？ 生：我觉得不对，地下水应该是自然界本身就存在的，比如井水。 生：但是我们用过的水也会直接渗入地下，成为地下水。 师：大家同意谁的看法呢？	亮点2：在探究的过程中善于引导学生主动思考，并通过学生间讨论、质疑等方式推进教学内容的展开。
生（经过讨论）：地下水应该是直接储存在地下的，而不是通过人造的下水道存在于地下的。 师：因此，我们说陆地水的主要补给方式就是图片中大家找出的——雨水补给、冰雪融水补给、湖泊补给、地下水补给。	
探究二：水循环的类型和环节 师：接下来，我想请一位同学朗诵一首小诗——《一滴水的旅行》，（生读）从这首小诗中，大家得到了哪些信息呢？ 生：水不是静止不动的，水会运动，水的形态也会发生变化…… 师：水运动的过程就是我们所说的水循环。同学们再想想在这首诗中，水循环发生在哪些地方呢？ 生：大海、天空、陆地…… 师：（PPT展示图片）大家看看这三幅图，按照水循环的范围，可以把水循环分为哪些类型呢？ 生：第一幅是海陆间水循环，第二幅是海上内循环，第三幅是陆地内循环。 生：陆地内循环的环节图上只写了蒸发和降水，那有没有像海陆间的水循环一样，还有地表径流、地下径流和下渗等环节呢？ 师（举例）：塔里木河，大家知道它是一条内流河，它属于哪种类型的水循环呢？ 生：陆地内循环。塔里木河是地表径流，所以陆地内循环也包含和海陆间循环一样的环节，只是径流最后没有流入海洋中。	亮点3：在一首小诗中融入了多个知识点，包括水循环的概念、水体的状态、水循环的类型等。 亮点4：学生提出的问题质量较高。
探究三：学生设计水循环实验 实验过程：教师先播放视频，展示自己在实验室做的一个水循环实验，然后提供实验器材，让学生当堂完成实验设计，时间为10分钟。 其中三个小组的实验设计： ［实验一］ 实验材料： 一盆水、电热棒、保鲜膜。 实验步骤及现象： 1. 用电热棒加热凉水。 2. 5分钟后，水开始沸腾。 3. 保鲜膜里面凝结大量水珠。	亮点5：教师选择的这三个实验设计很有代表性，能够检验学生对水循环类型和环节的掌握程度，并在评价过程中进一步强化了所学内容。

（续表）

［实验二］ 实验材料： 烧杯、酒精灯、导管、盘子、干燥的沙子。 实验步骤及现象： 1. 向烧杯中倒入半杯水，烧杯用塞子塞好，导管一头接烧杯，一头插入干燥的沙子中。 2. 用酒精灯加热烧杯，水滴通过导管流入干燥的沙子中。 3. 干燥的沙子变湿。 ［实验三］ 实验材料： 胶盆、开水、透明雨伞。 实验步骤及现象： 1. 将沸腾的开水倒入胶盆中，有大量的水蒸气生成。 2. 在胶盆上撑起一把透明雨伞，雨伞内迅速被水雾覆盖，模糊不清。 3. 片刻后将透明雨伞合住，凝聚在雨伞上的水滴落在胶盆中。 师：大家认为这三个实验的优缺点各有哪些? 生：我认为实验一设计简单，效果明显。 生：我认为实验二的设计比较好，环节比较多。 生：导管连接烧杯好像有难度，而且水滴最后会大量滴回烧杯，能从导管出来的应该很少。 生：对！这样现象并不明显。 生：老师，我觉得实验一和实验三没有区别。 生：怎么没有区别？实验三的水滴最后又回到盆里，所以我认为实验三最好。 …… 教师引导学生小结： 实验一简单易行，实验结果很明显，但是最后保鲜膜上的水没有回到胶盆中。 实验二设计较复杂，导管插入沙子中，把水滴引入沙子，有可能会因为水量太少，现象不明显。同时也会出现和实验一一样的问题，沙子中的水滴无法回到烧杯中，没有构成水循环。 实验三和实验一一样简单易行，并且雨伞上的水滴滴落到胶盆中，完成了循环。 总结：实验三的设计最好。	

八、教学反思

本节课的主要知识点是水循环的类型和环节。水循环是学生身边常见的现象，利用这点创设与学生生活息息相关的学习情境，激发了学生的学习兴趣。在教学过程中，学生能够充分开动头脑、认真读图，并对其他同学的看法大胆提出质疑，体现了较强的思维能力。

总体来说，这堂课达到了课前预设的教学目标，但是仍然存在着不足，首先，我说得还是太多，学生质疑得太少，自主学习体现得不够明显，学生还是基本上按照我的思路走，没有迸发出创新思维的火花。其次，在实验设计时间的安排上，有点超时，导致其他小组未能展示他们的实验成果。针对这两点，我认为在今后的课前准备上，应尽量做到预设多条教学思路进行教学；在时间安排上，也要事先考虑有可能出现的情况，且必须严格控制时间，提高效率。

九、专家点评

本节课的教学设计很注重学生创新思维的培养。整个授课过程流畅，如水体的关系这个知识点的引入，黄老师能够选取学生最熟悉的身边的生活现象，从而激发学生的学习兴趣，这种方法比较自然。黄老师能够通过一首小诗融入多个知识点，包括水循环的概念、水体的状态、水循环的类型等，让学生自行从中寻找答案，效果明显。在授课过程中，学生在黄老师的引导下能主动思考，这说明黄老师的教学设计能够充分激发学生的创新意识。特别是黄老师采用实验设计的方式来处理水循环的类型和环节这个知识点，不仅能培养学生的思维能力，激发他们的创新意识，而且在实验展示过程中，也能让学生把所学知识应用到实践中去。黄老师选择的这三个实验设计很有代表性，能够考查学生对水循环类型和水循环环节这两个知识点的掌握程度。尤其难能可贵的是，黄老师非常强调学生对自己和他人设计的实验的优缺点的点评，力求通过这种形式促进学生反思。当然，这堂课仍然有些需要改进的地方，如这堂课主要的时间用在了设计水循环试验上，所以对时间的掌握要更加精确些；如果条件允许，让学生进行实物的实验设计效果应该更好。

（点评人：华东师范大学　夏志芳教授）

实施案例 7

以问题为起点，培养学生的设计与表达能力

——地表水下渗能力与地表状况

上海莘格中学　黄宗楚

一、案例主题

地表水下渗能力与地表状况的关系。

二、教学对象

高一年级学生。

三、教学课时

2 ～ 3 课时。

四、教学目标

（一）知识与技能

1. 能阐述水循环中的下渗环节；
2. 知道地表水下渗能力与地表坡度、土层性质等影响因素的关系。

（二）过程与方法

1. 通过对比实验，能阐述地表坡度与地表水下渗作用之间的关系；
2. 通过对比实验，能阐述土层性质对地表水下渗能力的影响；
3. 掌握在实验中控制变量以探究地理事物的科学方法。

（三）情感、态度与价值观

通过实验操作，激发学习兴趣，养成科学探究的精神。

五、教学重点、难点

（一）教学重点

1. 实验研究的方案设计；

2. 如何合理控制变量进行实验。

（二）教学难点

1. 如何寻找充足的实验器材；

2. 如何引导学生自主实验。

六、教学资源的准备

纱窗、约 20cm × 40cm 大小透明塑料方盆两个、三种砂土（颗粒大小不同）、计时器、量杯、量角器。

七、过程设计

图 1　暴雨引起的城市积水

师：（出示图片，说明 2011 年 6、7 月间北京、南京等地暴雨引发城区大面积积水）为什么暴雨积水在城市频发，而很少出现在农村地区呢？

生：城市人口多，雨水与生活用水混合在一起，易造成下水道堵塞。

生：城市排水系统不畅，导致雨水无法及时排除，造成积水。

生：暴雨太罕见了，雨量太大。

……

师：从某种角度来讲，大家说的都很有道理，那么请大家想一想，积水与不同地表状况有没有关系呢？

生：城市多水泥地面，郊区或农村多自然状态的泥地。

生：地表的结构不同，下渗能力就不同。

生：水泥地的下渗能力很差。

……

师：很好，那么大家能不能设计一个对比试验，来验证不同地表状况（如土壤结构或地面坡度等）会不会影响到雨水下渗能力呢？

全班同学按小组讨论、研究，经各小组商定，呈现如下方案：

小组一：

1. 在两个底部装有纱窗的塑料方盆 A 和 B 上，分别放置面积相同、厚度相当的带土草坪和小石块（如图 2）。

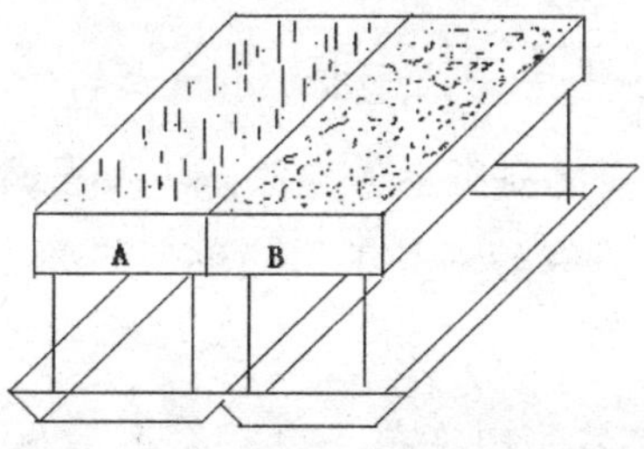

图 2　带土草坪和小石块对比模型

2. 分别在草坪和小石块上模拟雨点下落，轻轻洒水 1000mL。

3. 5 分钟后比较收集到的两个塑料方盆中的渗水量。

小组二：

1. 在两个底部装有纱窗的塑料方盆 A 和 B 上，分别放置性质相同、平均厚度相当的两块土壤。

2. 其中一块土壤表面平整，另外一块土壤表面倾斜 5°。

3. 分别往两块土壤表面轻轻洒水 1000mL。

4. 分别在 1 分钟、2 分钟、3 分钟、4 分钟和 5 分钟后测量渗水量，并记录。

5. 按 10°、15° 和 20° 改变坡度，分别按前面的时间段记录下渗水量。

小组三：

1. 设置与小组一类似的装置。

2. 用三种颗粒大小不同的砂土做对比实验，砂土层表面都是平整的。

3. 分别在 1 分钟、2 分钟、3 分钟、4 分钟和 5 分钟后测量、记录渗水量。

小组四：

1. 在两个底部装有纱窗的塑料方盆 A 和 B 上，分别放置土壤性质相同、厚度相当的带土草坪和土块。

2. 分别在草坪和土块上模拟雨点下落，轻轻洒水 1000mL。

3. 5 分钟后收集落入两个塑料方盆中的水，并对比两者渗水量的多少。

学生讨论环节：

小组一：小组一的实验结果，实验前就可以预见了，实验的必要性不是很强。

小组二：为了模拟城市和农村地表性质的不同，说明城市的水泥不吸水，我们用小石块来代替水泥。小组二和小组三的实验，在时间上的设置好像没有什么必要。

小组三：我们是为了测量下渗的速度。小组四的带土草坪和土块的实验对比，是不是为了说明植被的根系涵养水源的功能，这与实验的目的好像相悖。

小组四：这也是实际存在的两种不同的地表状况。

……

师：同学们的实验，有相同性质土壤、不同坡度土层分别在同一时间段下渗的水量的，用于分析地表坡度对地表水下渗速度的影响情况；也有比较不同性质土壤的渗水量的，用于分析不同性质的土层对地表水下渗速度的影响。这些都能从某个角度说明地表水的下渗能力与哪些因素有关以及有什么样关系。

八、教学反思

从整体上讲，这节课基本完成了教学目标，但在教学过程中也存在一些问题，我觉得应做好以下几点：

1. 由于实验环节较多，因此，在教学前应充分准备各种器材和设备，以免部分小组因没有准备好实验器材而耽误时间，从而影响学生的探究热情。

2. 由于不同学生对实验目标、任务的理解程度不同，学生在分析数据的时候，可能会出现方向性的误差。针对这种情况，应及时提示学生用任务单的形式列出表格，以方便学生在实验时填写记录，同时也可以让学生明确任务与方向。

九、专家点评

本节课黄老师主要运用实验法，力求引导学生通过动脑、动手操作，用科学的方法自己解决实际问题，是一节高质量的科学探究课。在课堂的起始阶段，黄老师从实际生活中常见的现象入手提出问题——"为什么暴雨积水在城市频发，而很少出现在农村地区呢？"引导学生进行发散性思考，激起学生的好奇心和探究兴趣。在学生热烈讨论后，又引导学生从不同地表状况的角度考虑问题、提出假设，并让学生通过自主设计实验求证假设。值得肯定的是，黄老师在教学过程中注重对学生表达与交流能力的培养。

在教学过程中，黄老师扮演了学生学习的引导者、促进者角色，全面考虑了实验的前期准备和实验过程中的的问题，为学生的学习和实验创设了良好的环境。

（点评人：华东师范大学　夏志芳教授　郭锋涛博士）

实施案例 8

综合运用多种探究形式，促进学生掌握地理思维方式

——影响河、湖水量的因素

浙江省回浦中学　张恩德

一、案例主题

影响河、湖水量的因素。

二、教学对象

高二年级学生。

三、教学课时

1课时。

四、教学目标

能说出影响河流、湖泊水量的因素；知道我国和世界各地河流流量大小、湖泊面积变化的趋势以及沼泽地及咸潮等形成的原因；知道如何通过替代物模拟地理现象。

五、教学重点、难点

（一）教学重点

通过模拟实验让学生分析影响河流、湖泊水量的因素。

（二）教学难点

在探究过程中对学生进行引导，使学生通过小组探究和自主探究解决问题。

六、教学资源的准备

一个大的透明容器（如整理箱）、冰块、一次性纸杯（杯底扎一些小孔）、吸管三根、滴管三支、沙子、墨水等。

七、过程设计

（一）情境导入

课前播放视频《黄河颂》。

师：《黄河颂》是著名诗人光未然为配合音乐家冼星海创作的大型民族交响乐而写的组诗，它歌颂了黄河不仅养育了中华儿女、保卫了中华民族，还必将激励着中国人民像黄河一样"伟大坚强"。然而，黄河在养育中华儿女的同时，也带来了灾难。

请看材料一：全球所有河流存在的问题几乎都能够在黄河找到踪迹，而黄河的泥沙、悬河、洪涝、断流、河道变迁以及生态问题堪称世界之最。其中黄河下游断流从1972年开始出现，1987到1999年间几乎连年出现断流，且断流天数有不断增加的趋势。其中1997年更是达到前所未有的226天，这给黄河下游的自然环境和社会经济活动带来巨大负面影响。那么造成黄河断流的原因有哪些呢？

师：为了更好地探究这个问题，我们今天先来做一个实验。这个实验也许不能模拟出黄河断流的全部原因，但它将会给我们分析影响河流、湖泊水量的因素带来一个全新的视角。

（二）实验探究

请学生到讲台上，按"河流流量因素探究表"上的步骤完成实验，并要求其他学生及时记录影响河流流量的因素。

表1　河流流量因素探究表

实验步骤	模拟因素
1. 将沙子堆在整理箱内，使沙子一侧高、一侧低，在中间由高处到低处挖出地势较两侧低的几条小沟。	沙子代表土壤； 地势较低的小沟模拟河道。
2. 在沙子上覆盖毛巾。	毛巾模拟植被。

（续表）

实验步骤	模拟因素
3. 用杯底有小孔的一次性纸杯加水。在此过程中观察毛巾、沙子的颜色变化及小沟水量的变化。	纸杯移动滴水模拟全流域各地区的降水； 毛巾和沙子的颜色变化模拟植被涵养水源和土壤饱含水分的现象； 小沟水量由无到有并慢慢增加模拟植被慢慢释放出水分和土壤中的地下水补给河流水的现象。
4. 将冰块放置在地势较高的一侧。	冰块模拟冰川或积雪。
5. 三位同学一手拿吸管，一手拿滴管（内有红、黑墨水），从小沟吸水、滴水。	吸管和滴管的吸与滴模拟工业、农业、生活用水和废水排放。

师：从这个实验中，我们可以得出影响河流流量的因素有哪些？

生：降水、地下水、支流水、冰川或积雪融水、工农业生产生活用水、污水等。

师：这个实验没有模拟出来的因素有哪些？（提示：可引导学生结合长江流域图和水循环的各个环节进行思考）

生：湖泊水和蒸发。从长江流域图中，我们发现长江水和洞庭湖、鄱阳湖等水体之间有相互补给关系，而且水循环环节的蒸发也会影响河流流量。

师：很好，根据刚才实验和分析，我们知道了影响河流流量的主要因素。为了使记忆更加牢固，我们就必须在理解的基础上对知识进行归纳。

师：现在请同学们将影响河流流量的因素按照垂直方向和水平方向两个空间维度归纳到学案的表2（见下页）中，归纳好后，分小组交流讨论。

表2　影响河流流量因素的空间分布

空间划分		影响因素
垂直方向	河流上空水汽上升、水滴下降	蒸发、降水
	河床底部水上涌、下渗	地下水与河水的相互补给
水平方向	河流源头	可能有冰川或积雪融水
	河流支流、附近湖泊	支流水汇入、与河流的相互补给
	河流与两岸土壤（土地）、植被	地下水与河水相互补给
	河流入海口	与海水的相互补给

（三）合作探究

师：请看材料二：正如水火不能相容，沙漠与清泉也难以共存，但月牙泉却在沙山的怀抱中静静地躺了几千年，依然碧波荡漾！直到1960年，泉水都没有大的变化，最大水深9米，面积22.5亩。20世纪70年代中期以来，月牙泉水位急剧下降、水面缩小。目前，月牙泉水域面积仅约8亩，水深不到1米。历史上“千古不涸”的月牙泉明日是否会消失已成为许多人关注的焦点。

师：请结合材料二和月牙泉景观图（图略），联系所学知识，分析月牙泉水位急剧下降的原因。

师：同学们可以分组讨论，并选择一位记录员将讨论结果用简洁的话记录下来。

生：气候干旱，降水少，蒸发旺盛，下渗严重；没有支流补给，地下水补给很少；沿岸农业生产、生活用水量大。

师：你是怎么得出没有支流补给和农业生产、生活用水量大的？

生：从月牙泉景观图中，没看到河流，而且有绿色的农业用地和建筑物。

师：这组同学的答案能够将我们所学影响河流流量的因素运用到湖泊面积变化上来，并且结合图示材料加以运用，这一点做得很不错，值得表扬。但是我觉得这个答案不能得分。

（各小组一片哗然，然后接着讨论）

生：题目要求回答近年来水位急剧下降的原因，而刚才的答案没有体现出近年来水位急剧下降这一变化趋势。

师：那你觉得答案是什么呢？

生：全球变暖，蒸发量增加；地下水补给减少；农业和旅游业的用水量增加。

师：这位同学答得非常好。当然，我们这是“纸上谈兵”，并不一定能将所有的原因都答出来，当地管理者认为月牙泉面积缩小还有“周边植被被破坏，水土流失加剧，导致湖泊泥沙淤积”等原因。

师：通过上面的例子，我们可以发现影响河流的因素基本上都可以用来分析影响湖泊水量的因素。在答题时，必须充分获取和解读材料、图示信息，明确题干要求，再在此基础上调动和运用所学知识进行解答，否则很有可能因审题不清而导致分数尽失。

（四）自主探究

师：（展示问题）请三位同学到讲台上，将答案写在黑板上，其他同学自己独立完成所在组的题目。

表3　利用影响河流、湖泊水量的因素探究实际问题

	问题	答案
第一组	黄河下游断流的原因。	黄河流域大部分为半湿润、半干旱地区，降水量较少，蒸发旺盛，河流水量较少； 下游泥沙淤积，为地上河，下渗严重； 下游流域面积小，支流汇入少； 人口增长及工农业发展，使生产、生活耗水量增加。
第二组	三江平原沼泽地广布的自然原因。	受夏季风影响，降水量较大； 纬度较高，气温较低，蒸发量小； 冻土广布，不易下渗； 植被覆盖率高，涵养水源能力强； 地势低平，排水不畅，地下水位高。
第三组	珠江口咸潮一般多发于冬、春季节，且近年来有多发的趋势，试分析其原因。	冬、春季节，气候干旱，降水少，气温较高，蒸发旺盛，河流水位下降； 全球变暖，海平面上升； 经济发展，生产和生活用水增加。

师：有些河流、湖泊水量的影响因素可能也有其特殊性。例如，黄河下游断流还有水价低廉、浪费严重、水库调节能力弱等原因；珠江口多发咸潮还有人为无序挖沙导致河床下切等原因；三江平原沼泽广布还有附近河流易发生凌汛，导致洪水泛滥等原因。因此，我们对待具体问题，一定要结合当地实际进行具体分析。

（五）课堂小结

师：这节课我们主要探究了影响河流、湖泊水量的因素，并且我们还知道了获取和解读地理信息是答好题的前提，调动和运用知识是解好题的关键，论证和探讨地理问题需要用简洁的语言加以描述和阐释。

师：课后，请大家结合地图册，分析一下为什么尼罗河虽然是世界最长的河流，但其入海口的流量却不大；亚马孙河虽然是世界第二长河，但却是流量最大的河流。试分析原因。

八、教学反思

高二文科学生对水循环以及河湖水的补给虽已有一定的了解，但并没有形成知识体系；已经初步具有合作探究的能力，但获取和解读地理信息、描述和阐释地理事物以及论证和探讨地理问题的能力尚有待提高。基于此，本课的出发点是通过模拟实验加深学生对影响河湖水量的因素的理解，同时让学生体验如何通过模拟实验认识地理事物与现象。从实施效果来看，学生积极性高，课堂氛围较好。但同时，从课堂参与程度来看，学生参与率不高，只有上讲台的学生动手操作了，其他的学生只是观看，这是需要改进的。

九、专家点评

本节课设计独特，步步深入，让学生通过合作探究、自主探究解决各种地理问题，力求使学生掌握学会地理思维方法。实验探究、合作探究、自主探究等环节，不仅提升了学生的动手能力，更重要的是培养了学生自主、合作解决问题的能力。

在中学阶段开展地理实验探究学习活动，实验器材等物质因素是限制科学探究深入开展的重要因素。一些教师认为，要开展地理科学探究就必须要有精密的仪器设备，然而我国大部分中学尚未达到这样的条件。那么，怎样在现有的条件下开展地理实验探究教学呢？本课例为我们提供了较好的借鉴，也告诉了我们，用简单的实验器材同样可以达到探究的目的。如果更多的老师都能像本课例的张老师这样，立足于实际开发可替代性的实验器材，那么地理实验探究教学成为地理"家常课"将指日可待！

但由于本节课实验器材简单，不能完全模拟出影响河湖流量的所有因素。因此，教师需要引导学生得出其他影响湖水量的因素，并对这些因素进行归纳和总结。而且这次实验是在讲台上由几名学生负责操作，台下的学生不能清楚地观察到实验过程，如果教师能将实验过程拍摄下来，并在实验结束后，马上将实验的全过程播放出来，可能效果会更好。

（点评人：华东师范大学　夏志芳教授、浙江师范大学　张建珍副教授）

实施案例 9

以“错”促教，鼓励学生大胆探索

——涌升流的成因

上海莘格中学　黄宗楚

一、案例主题

涌升流的成因。

二、教学对象

高一年级学生。

三、教学课时

2～3 课时。

四、教学目标

（一）知识与技能

掌握风海流、补偿流的概念；能说出涌升流的补偿性质，会分析涌升流对渔场形成和区域地理环境的影响；掌握探究活动的基本程序与方法。

（二）过程与方法

用吹风机两档不同强度的风力模拟南赤道暖流的强弱变化如何影响涌升流的强度，表述涌升流的成因。

（三）情感、态度与价值观

通过模拟洋流的实验，养成科学探究精神；通过探究风与洋流、洋流与海洋生物、洋流与地理环境之间的关系，树立地理事物之间是相互联系的辩证统一的观点。

五、教学重点、难点

1. 教学重点

涌升流成因的过程性探究。

2. 教学难点

寻找类似于纯橡胶这种与水密度接近的固态物质。

六、教学资源的准备

透明玻璃容器、吹风机、墨水、计时器等。

七、教学过程

师：我们学洋流分类的时候，知道了风是洋流运动的一个重要的动力。但是在秘鲁渔场，海水会从几千米的深层海底大规模地做有规律的上升运动，在这过程中风不可能起到影响。那么，同学们思考一下，这种涌升流产生的原因是什么？

生：因为海水的密度不同，会像热空气一样做上升运动。

生：但是海底的水温比表层的水温低呀！

生：因为表层的海水流走了，深层的海水会上升来补偿。

生：表层的海水流走了，有水平方向的海水来补充，比如秘鲁寒流流走后，其南部的西风漂流便会补偿。

师：大家对表层的海水流动会影响水平补偿流的运动，大多没有异议，那么它还会不会导致涌升流，我们在这里争论很难弄清事实，那是不是可以做些模拟实验，来进行直观的证明？

教师建议全班同学分小组讨论、研究，鼓励学生进行探究。但具体到如何探究，以及探究的方法是什么，教师没有给予明示。经各小组探究后，教师于下一节课组织同学们在班上交流。

A 小组实验方案：

1. 各成员分工合作，分别负责滴墨水、操作吹风机、观察并看时间、记录等。

2. 先向容器右边水面滴几滴有颜色的墨水，马上用吹风机低档风沿着右边向左吹。

3. 观察墨水循环回到最初位置的时间，并记录。

4. 按上面的步骤，用强风档重新做一遍，并记录墨水循环所需时间。

5. 找出涌升流产生的环节。

针对 A 小组的实验方案，教师没有直接发表评论和观点，而是让各小组就 A 小组设计的实验的合理性和科学性等进行讨论。

生：为什么要设计两档强度的风力进行实验?

A 小组：是为了证明涌升流与表层的风海流的强度有直接的关系，进而证明涌升流与表层海水的运动有关。

生：墨水在实验中能否顺利地回到原点？

A 小组：只有通过实验才能证明。

按上述步骤进行实验，实验过程并不理想，主要表现在：(1) 墨水迅速扩散；(2) 风速越大，墨水扩散得越快。

师：试验中遇到问题很正常，但不要灰心，要找出问题的根源。大家可以先看思路有没有问题，假如实验设计思路合理，那么就要看实验过程有无问题。

各小组就实验中的问题进行了热烈的讨论，最后形成了一致的观点——用浸泡过墨水的黏稠胶水滴来代替墨水。

实验中，若吹风机的强度不大，胶水滴容易沉入水中，难以随着风向运动；在强风条件下，效果稍好，但是还是不明显。所以总体实验效果不是很好。

师：同学们改用了胶水，很好地解决了第一次实验中的缺点。但此次实验还是没有成功，主要原因是什么呢?

生：胶水很容易下沉，看不出效果。

生：风力再强点就好了。

生：应该是胶水和水二者的密度差过大造成的。

生：老师，有什么东西和水的密度差不多?

师：我们不妨上网查一查。

经过一番查找，学生选定了纯橡胶，因为纯橡胶的密度和水接近，又是固体，便于实验。

按照上述实验设想，各小组再次实验。

师：请各小组找出涌升流产生的动力是什么，并总结实验。

B小组：用吹风机弱风档时，涌升流的强度小；用强风档时，涌升流的强度大。这说明表层海水的流动强度与涌升流的强弱有很密切的关系。

八、教学反思

利用墨水来观察涌升流，可能使实验进入误区。如果墨水扩散了，就无法看到完整的涌升流的产生过程。从胶水滴到纯橡胶，需要学生的思维由感性的认识上升到理性的分析，有一定的难度。应积极思考怎样去引导学生，防止出现任务式或命令式的强制安排。

九、专家点评

由于地理事物的宏观性，许多地理现象需要通过模拟方能观察，因此模拟实验成为地理科学探究学习的一种非常重要的形式。该课例的可贵之处在于，当学生利用墨水来模拟涌升流但不成功时，黄老师适时引导学生思考如何改进模拟实验的方法，并最终获得成功。在科学探究学习的过程中，经常会出现实验的结果与预期的设想不一致的情况，这个时候教师要引导学生积极将"错误"转变为一种学习资源，鼓励学生从中探究原因，并最终找到解决的方法。

（点评人：华东师范大学　夏志芳教授、浙江师范大学　张建珍副教授）

实践篇（下）

“区域地理”探究案例

区域地理学是地理学中最精华的部分。[1]从地理学的发展历史来看，区域地理和地区差异在地理学的研究中一向居于重要地位，地理学者特别关注地球表面的自然和人文现象及其在地域上的差异性。区域地理最能表达地域性和综合性的地理学特点，因而也是中学生开展地理科学探究学习的重要载体。在我国，初中阶段的区域地理学习以认识区域为主，高中阶段的区域地理学习则重在掌握区域分析与研究的方法。如何根据学生的年龄特点开展区域地理的科学探究学习？本篇精选了3个设计案例和4个实施案例，力求从不同侧面剖析如何进行区域地理的科学探究学习。

[1] 张家涛．区域地理学[M]. 青岛：青岛出版社，2000.

设计案例 1

赋予学生现实角色，激发其探究热情

——澳大利亚牧羊业与气候、地形关系的探究

宁夏银川三中 张 娜、浙江师范大学 张建珍

一、案例主题

假如你是牧场主，你会选择在哪建牧场？

二、探究重点

澳大利亚牧羊业与气候、地形关系的探究。

三、教学对象

七年级学生。

四、教学目标

1. 初步学会运用地图分析、说明澳大利亚的自然条件及其对牧业发展的影响；
2. 能运用地理知识有理有据地表达观点。

五、探究所需的设备与要求

澳大利亚地形图、气候图等。

六、探究活动设计

1. 提出问题。为学生提供澳大利亚地形图和气候图，并提出问题：假如你是牧场主，你会选择在哪儿建牧场？

2. 问题精细化。启发学生思考影响牧场选址的因素可能有哪些。

3. 提出假设。引导学生提出多种假设，师生共同确定值得进一步探讨的假设：

一是地形是影响澳大利亚牧场选址的重要因素，二是气候是影响澳大利亚牧场选址的重要因素。

4. 分析论证。根据上述假设，请学生在分析澳大利亚地形图和气候图的基础上进行选择，并说明理由。学生分组，各小组自选课题，选择牧场位置，组长汇报结果。

课题 1：充分利用澳大利亚的地形图

通过读图得知，澳大利亚的地形，东部为山地；北有大分水岭；东南有该国最大的河流墨累河；中部是澳大利亚大盆地，其中有北艾尔湖；西部是低矮的高原。据此得出可将牧场建在西部高原、中部平原及东南沿海地区，因为这些地区地下水丰富，牧草优良，且没有大型野生食肉动物，一年四季均可露天放牧。

课题 2：充分利用澳大利亚的气候图

通过读图可以看出南回归线穿过澳大利亚的中部，中部主要为热带和亚热带气候类型，南部沿海地区为地中海气候。据此得出可将牧场建在热带草原地区，因为这里气候温暖湿润，利于牧草生长。

5. 深度探究。引导学生进一步探究：假如从地形和气候两个方面综合来考虑你的选址方案，应该怎样调整？

生：西部和中部的南回归线附近地区不能建牧场，因为虽然这些地区具备了地形方面的优势，但却是热带沙漠气候，缺少水源。

6. 验证结论。出示澳大利亚农牧业的分布图，验证学生的选址是否合理。

七、评价标准

重点是学生提出猜想与假设的能力以及依据一定的地理知识提出观点的能力。

八、设计依据及理由

该主题探究活动的问题设计较为巧妙，表现为：（1）问题的设计能激发学生的兴趣，如通过赋予学生“牧场主”这一角色，激发了学生的探究热情；（2）问题的设计将本课的主要知识点巧妙地贯穿在了一起，如通过如何进行牧场选址这一问题，将澳大利亚的气候、地形特征，以及这些自然条件对牧业发展的影响等知识点融于类真实情境的问题解决过程中，这有利于让学生在解决问题的过程中习得知识。

设计案例 2

合理设置探究步骤，培养学生筛选信息的能力
——走进中东

上海市崇明县实验中学　宋赛萍

一、案例主题

走进中东。

二、探究重点

1. 中东的地理位置？

2. 中东石油的分布特征和规律？

3. 中东水资源的现状、产生的原因及解决的途径？

4. 为什么巴以冲突是中东问题的核心？

三、教学对象

七年级学生。

四、教学目标

1. 会阅读各种地理图表，获取关于中东地区的范围、位置、石油分布、水资源、文化宗教的差异等信息；能够初步分析、处理获得的信息，并用自己的语言进行概括、表述。

2. 提高地理读图能力以及总结规律、原因分析、信息判断的能力。

3. 形成自主学习、合作学习和探究学习的意识和能力。

4. 学会从地理的角度分析问题形成的原因，树立可持续发展的资源观和民族平等观念。

五、探究所需的设备与条件

1. 全班分成八个小组，四人为一个小组，每两个小组共同完成一项活动。每组选出组长、记录员和汇报员。

2. 组长负责进行总体组织和协调，记录员负责根据组员读图结果填写记录表，汇报员要声音响亮，能高效地组织语言进行交流、汇报。

3. 探究同一活动的两个小组可以就各自的探究结果相互补充。

4. 每个小组一张活动任务表。

六、探究活动设计

活动一：重要的地理位置

组长______ 记录人______

问题	内容记录	参考了哪些地理图表 （指出在地图册或课本中的页码）
找出中东地区所临的海洋、地处的大洲		
找出中东地区的重要通道		
总结中东地理位置的重要性与特殊性		

活动二：石油之争

组长______ 记录人______

问题	内容记录	参考了哪些地理图表 （指出在地图册或课本中的页码）
哪些证据说明中东地区的石油资源很丰富?		
中东地区有哪些主要产油国?		
中东地区的石油分布有什么特点?		
中东地区的石油主要输往哪些国家？请分别找出石油外运所经过的主要的海洋、海峡、运河。		

活动三：淡水之争

组长______ 记录人______

问题	内容记录	参考了哪些地理图表（指出在地图册或课本中的页码）
中东水资源的现状如何?		
产生如此现状的原因是什么?		
解决的途径有哪些?		

活动四：宗教之争

组长______ 记录人______

问题	内容记录	参考了哪些地理图表（指出在地图册或课本中的页码）
中东地区以什么人种为主? 他们信仰哪些宗教?		
为什么巴以冲突是中东问题的核心?		
你有什么办法和平解决巴以冲突?		

七、评价标准

探究活动中各个小组的统筹安排与分工是否合理、明确，是否人人都参与了小组探究活动；各个小组的学习任务单的填写质量；探究结果展示阶段汇报员的语言表达水平如何。

八、设计依据及理由

此次探究活动的设计主要围绕中东为什么一直战争不断这一问题来认识中东，走进中东。

将“走进中东”分解为四个探究活动，各由两个小组完成，要求学生分头从课本、地图册中查找相关信息，并让学生注明资料的来源，能培养学生从各种大量信息资源中筛选证据的能力。

设计案例 3

合理进行分组，培养学生的团队合作精神

——长江的开发

昆明市第十中学　赵翠玲

一、案例主题

长江的开发。

二、探究重点

1. 如何开发长江漂流探险项目？
2. 如何开发长江的水能资源？
3. 如何发挥长江的航运价值？
4. 如何治理长江频繁的旱涝灾害？

三、教学对象

八年级学生。

四、教学目标

1. 了解长江的水文特征及成因；
2. 提高解决问题的能力，养成团队合作的精神；
3. 学会运用地理知识解决生活中的实际问题。

五、探究所需的设备与条件

把全班学生分成八个学习小组，每组成员六个左右，每两个小组共同完成同一个活动。根据研究任务的差异，学习能力一般的学生组成的小组探究较容易的问题，学习能力较强的学生组成的小组探究较难的问题。

每个小组在课前进行合理的分工，首先推选一位组长，然后确定资料收集员、纪律管理员、记录员和汇报员。由于时间较紧张，两个研究相同问题的小组中一个组主讲，另一组补充。

小组成员在各小组内分享自己的研究结果，各小组派汇报员汇报各自的研究结果，教师对小组成员的独立思考、合作参与程度进行评价。

六、探究活动设计

（一）整体设计

根据教学内容与目标以及学生的认知结构，将"开发长江"的教学内容细化为四个探究主题——"漂流探险项目的开发""水能开发""航运开发""洪涝治理"。

表 1　本课整体设计

教学环节	教师活动	学生活动	设计意图
导入新课	1. 播放《长江之歌》，同时呈现长江流域的自然风光，要求学生一起学唱； 2. 设问：同学们，当我们唱起这首歌时，内心有一种什么样的感情?		激发学生的学习兴趣。
合作探究	根据学生的特点和探究内容分组，引导学生分析问题。	学生分为"漂流探险项目的开发"A 组和 B 组、"水能开发"A 组和 B 组、"航运开发"A 组和 B 组、"洪涝治理"A 组和 B 组，共 8 个小组。	培养学生的自主探究精神及分析、解决问题的能力
交流评价	1. 鼓励学生积极参与、倾听、表达； 2. 对学生的研究结果进行知识性、方法性与过程性评价。	1. 小组成员在各小组内分享自己的研究结果。 2. 各小组派汇报员汇报研究结果，其他小组对该组的研究结果进行补充。	促进学生间的合作与交流，考查教学目标的达成情况。
归纳	师生共同小结本节的主要内容。		引导学生完善结论。

（二）细节设计

探究一：漂流探险项目的开发

组长______ 记录人______

漂流探险项目的开发	
问题	内容记录
1. 漂流从哪里开始？到哪里结束？	
2. 沿途经过哪些地形区？	
3. 哪些河段最危险？需要我们做什么准备？	

探究二：水能开发

组长______ 记录人______

水能开发	
问题	内容记录
1. 在长江干流上你选择在哪里修建水电站？为什么？	
2. 长江三峡水利枢纽工程的兴建有什么利弊？	

探究三：航运开发

组长______ 记录人______

航运开发	
问题	内容记录
1. 长江干流的哪些河段航运能力较强？为什么？	
2. 长江干流的哪些河段航运受到限制？怎样才能克服影响长江通航的阻碍因素？	

探究四：洪涝治理

组长______ 记录人______

洪涝治理	
问题	内容记录
1. 导致长江洪灾频繁发生的原因有哪些？	
2. 有哪些治理措施？	

七、评价措施与方法

对学生的探究结果进行知识性、方法性和过程性评价，可参照以下两个表格，先由各小组组长自评，然后再由任课老师进行评定。

表 2　小组成员个人表现评价表

组	组员表现评价		
	发言对小组的决策作用	是否耐心倾听别人发言	发言是否积极
自评			
师评			

表 3　小组整体性表现评价表

组	小组整体性评价			
	所有成员讨论的参与度	问题讨论的效率	问题表达的效果	小组的应变能力
自评				
师评				

八、设计依据及理由

探究问题的设计应依据教学内容与目标以及学生的认知结构来进行，问题的密度、梯度和难易度要合理，要让学生有思有得。问题要贴近学生的生活，密切联系学生已有的知识体系，能激发学生的学习兴趣并在有限的时间里去理解和解答。本课在探究主题下设计了有梯度的问题，并根据问题的难易程度安排学习能力适当的学生探究。在探究过程中，不但要时刻关注学生探究活动的进程，不断调整组织策略，还要参与到各探究小组的学习活动中，给予学生必要的帮助和鼓励。在学生汇报研究结果阶段，教师要适时介入，或即兴点评，或提出问题，使学生的学习效果最优化。在评价过程中，采用过程性评价方式，鼓励学生积极探究，这种评价将评价表分为小组成员个人表现评价表（各组的组长填写）和整体性表现评价表（先由各组的组长自评，然后再由教师评价），能够更准确地评价每一位学生在探究活动中的学习情况。

实施案例 1

利用地理 3S 技术，培养学生的探究能力

——利用 Google Earth 学习“长江河流地貌”

上海市闵行中学　王金桃

一、案例主题

利用 Google Earth 学习“长江河流地貌”。

二、教学对象

高一年级学生。

三、教学课时

1 ～ 2 课时。

四、教学目标

（一）知识与技能

1. 能说出长江上、中、下游各河段的地貌形态和特点；

2. 能分析地貌对人类社会生产和生活的影响。

（二）过程与方法

通过实际操作，学会利用 Google Earth 测量山锋高度、河流长度，掌握测量两地之间距离的方法。

（三）情感、态度与价值观

1. 掌握现代化技术，激发学习地理的兴趣和求知欲。

2. 通过阅读、分析相关材料，进一步增强社会责任感及与自然和谐相处的人文精神。

五、教学重点、难点

（一）教学重点

引导学生利用 Google Earth 直观地考察长江上、中、下游的地形、地貌，并归纳其特征。

（二）教学难点

让学生学会从地理现象、地理事物中分析其中蕴含的地理规律，理解河流地貌与人类活动的关系。

六、教学资源的准备

多媒体设备、Google Earth、任务表。

七、探究过程

（一）布置任务与教学准备

利用 Google Earth 对长江上游的玉树段、中游的荆州段、下游的南京段进行观察、测量，包括观察各个地点所在区域的地形类型，测量干流江面的宽度、该河段干流比降（米/20 千米），然后总结其地貌特征。同时将全班学生分为三大组，每个大组再分为四个小组，各小组分工合作，讨论并完成下面表格。

表 1　任务表

长江	上游	中游	下游
考察地点 / 考察项目	玉树（32° 58′ 33″ 97° 14′ 38″）	荆州（30° 18′ 40″ 112° 12′ 05″）	南京（32° 07′ 46″ 118° 45′ 45″）
所在区域地形类型（平原、高原、丘陵、盆地、山地）			
干流江面宽度（千米）			
干流比降(米/20 千米）			
该河段地貌特征			

备注：表中数据中上面数字表示北纬，下面数字表示东经，如玉树所在的纬度为（32° 58′ 33″ N，97° 14′ 38″ E）。干流比降（单位：米 /20 千米）是指

该地沿干流向上游方向10千米处与下游方向10千米处两地的海拔差值。

前期准备工作及辅助提示资料：

1. 为了使学生能够更加准确地找到对应数据，教师可以事先在干流上选取一个点，将该点的地理坐标呈现给学生，让学生查找。具体操作为：输入城市名称，找到该城市附近的长江干流，将鼠标停留在选好的长江干流的一点上，记录状态栏中该点的地理坐标，然后将上述地理坐标的数据呈现给学生。

2. Google Earth默认坐标为东经和北纬。“+”表示的是东经或北纬，“—”号表示的是西经或南纬。“+”号通常省略。

3. 为了使得地形的起伏更加明显和直观，可按照如下步骤进行设定：在“工具 > 选项 > 地形质量”中，选择地形质量为“高”，提升高度为“2”。

4. 控制键“<”和“>”可以左右移动地图，从而实现环视功能；控制键“∨”和“∧”，可以使观察视角发生改变，如由默认的俯视逐渐变为侧视。

5. 打开“工具 > 标尺”选项，选择“线条”可进行测量。

（二）引导学生利用Google Earth定位，找到具体地点

生：直接在搜索栏输入行政区名称，其中行政区主要是指一些比较大的城市，我发现较小的城市和农村暂时还不能够通过直接输入地名查询。

生：我也采用了这种方法，Google Earth上直接显示的是这个城市的中心位置，还需要花费较长的时间才能找到长江干流。

生：我们组有几位同学用过Google Earth，所以我们采用的是在搜索栏中输入该地的地理坐标，格式为“+（或者—）度分秒，+（或者—）度分秒”。

生：我们组也按照这个方式进行搜索了，但是没有搜索到。

生：应该注意书写的格式，逗号前面数值为纬度，后面数值为经度，中间的逗号为半角状态。

生：我们直接输入“325833”“971438”，查询成功了。

师：大家做得很好，采用第一种查询方式的同学要找到长江干流，需要花费更多的时间。第二种方法较好，因为坐标我已经做了修改，输入后直接显示的就是城市附近的长江干流。大家直接输入该地地理坐标后按回车键或者按搜索栏后面的放大镜图标即可发现，地图上会出现一个方框，此方框所在地即为我事先定好的地点。分别向上和向下滚动鼠标滑轮，或者利用导航控制工具，可以选择

合适的比例尺来进行观察和测量。不了解这个功能的同学可以试着操作一下。

（三）引导学生判断所在区域的地形类型，测量干流江面的宽度

生：以玉树为例，具体方法是：首先调整比例尺，利用控制轴上的"∨"和"∧"键，使观察视角由默认的俯视逐渐变为侧视，将视角调整到自己认为最合适的角度，并通过调整"<"和">"键实现多角度的环视。因为地势起伏比较大，我们初步判断这个地方是山地或丘陵。

生：通过查阅相关资料，我们了解到不同的地形类型划分标准是绝对高度和相对高度的不同，所以我们通过测量该地区的海拔高度来判断地形。方法为：选中"工具 > 标尺 > 线条"，在山顶点击鼠标左键，然后再在山脚下点击鼠标左键，这时候图中会出现一个直线条，而在标尺对话框中出现了长度数据，即山的高度。根据数值我们判断此地地形为山地。

生：我们选择合适的比例尺，将鼠标停留于一个山峰，于是在状态栏中可以看到该山峰的海拔高度等信息，然后再测山脚的海拔高度，我们会发现这里的高差很大，符合山地的定义。

师：大家觉得两个方法是不是都对呢？

生：结果虽然是一样的，但是我觉得第一种方式不对，他们测量的是山坡的长度，而不是山的绝对高度。

老师：你说得对，我们可以利用这个方法来测量干流江面的宽度。你们能测量出两地之间的距离吗？比如 A 点（312915，1052816）与 B 点（402535，961839）之间的距离。

生：坐标很精确，可以测量两地的距离。

（四）引导学生计算并比较河流的纵坡降

教师示范输入玉树的地理坐标并选择合适的比例尺后，选择"工具 > 标尺 > 路径"，以所选点为端点，沿着长江干流向上游方向点击生成节点（注意应使节点尽可能落在江面上）。此时会发现对话框显示的长度不断变化，当显示为 10 千米时，结束选点，将鼠标停留在最后的节点上，记录该点的海拔高度。以同样的方式沿着长江另外一个方向进行操作，经过计算即可得到结论。然后再让学生自己动手操作，得出数据。

最后学生可以根据三地的观察和测量结果，比较并总结长江上、中、下游三段不同的地貌特征。长江上游流经高原、山地，江面狭窄，落差很大，为典型的峡谷地貌。中游和下游均流经平原地区，江面较宽，而下游的江面更宽，落差比较小。

（五）学生自主操作，考察长江沿岸工程设施

1. 请根据已掌握的知识和经验大胆猜测：水电站和水利枢纽一般选择在具备哪些地貌特征的地方？码头一般选择在具备哪些地貌特征的地方？

2. 学生分组讨论，并不断补充、完善本组的猜想假设，并提出方案验证自己的猜想假设。请各组学生陈述本组的猜想假设和探究计划。

3. 各组学生利用 Google Earth 验证猜想假设，并得出探究结论，然后对本组的探究过程进行反思。

4. 学生交流本组的探究发现，总结探究经验。

九、专家点评

网络实验探究是当前地理科学探究学习活动的新形式。该活动方案的实施对象为城市高一年级学生，他们已具备一定的计算机操作能力，且该校具备较好的硬件设施。该案例把地理 3S 技术中的 Google Earth 软件引入地理科学探究，使该主题活动的设计令人耳目一新。该地理科学探究学习活动的设计有下列突出的优点：（1）探究主题的选择与探究类型的设计适切性佳。长期以来对地形的科学考察限于点状，要进行较大尺度的考察，需要破费大量的人力、物力，这对中学而言几乎不可能实现。而该方案的设计者充分考虑到了这一限制条件，利用免费软件 Google Earth 开展探究活动，省时省力，效果显著。（2）各种不同水平的探究活动组合性佳。王老师精心设计了探究的各个环节，各种不同水平的探究活动在该主题活动设计中达到了近乎完美的结合，有利于循序渐进地培养学生的探究能力。（3）探究要素设计完整。该设计方案涉及提出问题、猜想假设、制订计划、收集证据、分析论证、反思评估及表达交流七大要素，能够达到较为全面地培养学生探究能力的目的。

（点评人：浙江师范大学　张建珍副教授）

实施案例 2

尝试沙盘教学，促进学生形成"心理地图"

——新疆

上海市第十中学　李　翔

一、案例主题

新疆。

二、教学对象

七年级学生。

三、教学课时

2 课时。

四、教学目标

（一）知识与技能

1. 了解新疆的地形特征及其对新疆气候的影响；

2. 能说出新疆城镇分布的基本规律。

（二）过程与方法

1. 阅读分层设色地形图，在新疆区域地图上动手还原不同地形区的海拔高度模型；

2. 分析地图，还原沙漠、河流等地理事物分布概况，探究新疆的气候形成条件；

3. 依据地图还原城市等人文地理要素分布概况，探究环境对人类活动的影响。

（三）情感、态度与价值观

1. 形成小组内分工合作的团体意识；

2. 形成正确的人地观。

五、教学重点、难点

新疆地形分布特征及其对气候、人口分布的影响。

六、教学资源的准备

10 套沙盘盆、10 kg 河沙（事先需要清洗，并喷洒适量黏合剂，使沙粒具备一定可塑性）、各色粉笔若干、蓝色线段若干、10 套地名小旗（涵盖新疆主要城市名称）、地图册、任务盒。（注：本节课为小组自主学习模式，分组以每组不超过 5 人为宜。上课前下发任务盒。）

七、探究过程

（一）铺设沙盘雏形

师：大家先看一看地图，利用分层设色地形图初步了解新疆的主要地形区分布及这些地形区的海拔高度。新疆的地形分布有什么特点呢？让我们一起动手，用不同厚度的沙粒来构建立体沙盘模型。请打开任务盒，完成沙盘制作的第一步——不同海拔地区的铺设。

【学生任务盒说明】

1. 沙盘盒的底部表示海拔 0m，实际海拔高度低于 0m 时按照 0m 处理；

2. 每阶段任务完成后举手示意，由老师拍照存档，并记录编号，不可跳跃进行下一阶段任务；

3. 小组操作过程中的卫生状况、课堂纪律、时间控制均会影响小组最终得分。

【教师督导】

1. 重点指导 1 ～ 2 个组的沙盘铺设工作，以期起到示范效应。

2. 巡视过程中重点关注学生是否按照要求铺设沙粒。

3. 督促已完成的学生思考地形分布特点。

【学生表现】

铺设沙盘是一项对动手能力要求较高的活动。七年级学生还处于活泼好动、愿意尝试的年龄段，因此本环节学生兴趣浓厚，乐于动手，课堂气氛相当热烈。

图 1 "三山夹两盆"沙盘模型

【阶段总结】

学生分组展示制作的模型，并简单说明模型制作的过程与存在的问题，之后教师引导学生反思模型制作过程。

（二）制作沙盘，标注主要山脉和盆地

1. 第一阶段

师：新疆的地形有什么特点？与我们的位置关系是怎样的？它有哪些特别的地方？请根据沙盘雏形，描述新疆的地形分布特征。

在学生回答的过程中，教师可以适当简单记录学生的发言并总结。例如，新疆地形类似汉字"吕""山""畺""三"等字形。

师：请根据新疆的地形特征，在已制作的沙盘模型上标注主要的山脉和盆地，完成表 1。

表 1 任务表

地形名称	A______ 山脉	B______ 盆地	C______ 山脉	D______ 盆地	E______ 山脉
海拔高度					
沙盘中高度					
地形特征描述					

对 A、B、C、D、E 所处的地形区进行名称判断相对简单，但对于不同地形区的海拔高度范围判读存在一定难度。教师应侧重于在分层设色地形图的判读方法上指引学生，当学生大致正确和完全错误时应该注意评价措辞。由学生群体自发开展的学习过程，更符合学生自主学习的情感因素。

2. 第二阶段

（1）任务要求。地形分布特点在沙盘上已经有雏形，即“三山夹两盆”。接下来各小组要给不同的地貌区添加不同的色彩。

小组其他成员在了解第二阶段任务时，各小组组长上台领取活动器材。器材事先已分装好。另外，教师需要和小组长确定粉笔末的刮取方式，否则会造成粉尘污染。

（2）教师点拨，指导各小组完成任务。此阶段可重点指导一个小组。在小组间巡视时，可帮助学生适当总结气候特征；可推荐个别小组做发言准备；应强调守时性和卫生情况，对先期完成任务的小组给予表扬。

（3）活动总结。通过第二阶段的小组活动，请某个小组来描述新疆的地貌概况。

（4）学生表现。此环节动手难度较小。在沙盘上，多数学生能明确分辨出沙漠与山脉以及河流的延伸方向，但对于沙漠与河流的形成原因，较少学生能将其与地形之间建立起联系。

（5）拓展思考。

师：地貌特征在很大程度上是受气候因素影响的，通过新疆的地貌特征，我们能否间接地推测一下新疆的气候特征呢?

（6）总结提升。

新疆的气候特征：

①远离海洋，深居内陆，四周有高山阻隔，属于温带大陆性气候；

②气温变化大，日照时间长，降水量少，空气干燥；

③南疆年温差较北疆大。

八、教学反思

本节是区域地理的第一节课，在整个地理课程中起承上启下的作用。一方面，学生在前一阶段已经积累了有关我国地形分布、气候分布等基础知识；另一方面，我国各个地区又有着自己的区域特点，这需要学生根据已经习得的知识去总结。因此在进行教学设计时，我充分认识到应发挥学生自主学习的能力，以自主学习活动为主线贯穿整个区域地理学习的始终。

尝试沙盘教学，主要是希望将新疆的地形图通过一定的处理变成学生可以堆砌的底板，进而引导学生按照任务单的要求展开探究。这一过程锻炼了学生的空间思维能力。利用沙盘立体、直接的优势，有利于将自然、人文要素的分布与自然环境的联系更直观地展现出来。

科学探究学习是指学生在教师的指导下，围绕某一科学问题，根据已有的知识、技能和经验，运用科学方法体验研究过程、尝试解决科学问题的学习活动。它既是学生的学习和体验活动，又是教师开展科学教育教学活动的载体。实验表明：科学探究的基本动力来自人的求知欲和好奇心。这种求知欲和好奇心可以激发学生的学习兴趣，引导学生建构科学的知识体系，从而在学习和体验过程中培养学生的创新精神和实践能力。

本次探究活动充分利用了学生的好奇心和强烈的表现欲，从制作新疆地貌沙盘入手，步步深入，尽管时间有限但成效明显，不仅锻炼了学生的动手能力，也增强了他们分析问题的能力。

九、专家点评

通过制作模型进行探究是非常重要的探究学习方式，本课例为我们实施基于模型制作的探究提供了借鉴。

首先，新疆沙盘模型的制作贯穿该案例教学过程的始终，有效地将这节课的主要知识点如新疆的地形特点、城镇分布等串联起来，达到了通过科学探究促进学生理解知识的目的。

其次，李老师将制作新疆沙盘模型的过程分解为若干步骤，每一个步骤既有学生的动手操作环节，又分别设计了相应的问题供学生思考，达到了让学生既动手又动脑的目的。

最后，在本次探究活动的设计过程中，李老师尤其关注分组合作的探究方式，特地将不同特长的学生分配在一起，这不仅能使不同学习能力和水平的学生在探究活动过程中均能有所为、有所学，也能让学生体会到合作探究的乐趣和意义。

（点评人：华东师范大学　夏志芳教授）

实施案例3

师生互动步步深入，提升学生的综合分析能力

——甘肃民勤沙漠化的成因探究

浙江省回浦中学　张恩德

一、案例主题

甘肃民勤沙漠化的成因探究。

二、教学对象

高一年级学生。

三、教学课时

1课时。

四、教学目标

（一）知识与技能

1. 了解沙漠化产生的原因；

2. 知道沙漠化防治的主要措施。

（二）过程与方法

1. 依据所提供的材料，合作探究甘肃民勤沙漠化形成的原因；

2. 利用角色扮演的方式，有效地训练发散思维和辐合思维，增强发现问题、综合分析问题和解决问题的能力。

（三）情感、态度与价值观

1. 通过认识人类活动对整个地理环境的影响，树立科学的环境观；

2. 通过案例分析，激发探究地理问题的兴趣，养成求真、求实的科学态度。

五、教学重点、难点

（一）教学重点

1. 沙漠化形成的自然原因；
2. 沙漠化形成的人为原因。

（二）教学难点

防治沙漠化的策略和措施。

六、教学资源的准备

中国政区图、甘肃省政区图、中国地形图、中国年降水量分布图、中国干湿区分布图、季风区与非季风区分布图、祁连山及民勤周围地形图，民勤地区气候变化、祁连山雪线变化资料等。

七、探究过程

（一）新课导入

师：自2001年以来，温总理先后六次对石羊河流域的治理和民勤县土地沙漠化问题作出过重要批示；在2005年召开的全国人代会上，温总理又同与会的甘肃代表共商治理对策，并再次强调“决不能让民勤成为第二个‘罗布泊’”。

师：有识之士惊呼，民勤绿洲一旦失守，河西走廊将被拦腰斩断，兰州甚至整个西北地区的生态质量将会受到严重影响。随着沙漠化越来越严重，生活条件也越来越艰苦，在沙漠周边的村落，有很多村民陆续搬迁。但是还有些村民难离故土，他们期盼着希望的到来。

（二）概念解读

师：同学们，民勤存在的最大问题就是沙漠化，你如何理解沙漠和沙漠化？

生：沙漠就是全是沙子，没有植被，地表缺少生机勃勃的感觉。

师：那沙漠化你又是怎么理解的呢？

生：沙漠化则是一种过程，是指原来地表有植被，现在没有了植被，土地变成沙漠的过程。

师：这位同学对沙漠和沙漠化的概念理解得很到位，那么本节课我们就来重点探讨甘肃民勤沙漠化的原因和治理的措施。

（三）原因探究

1. 提出问题

问题 1：如果国家派你去治理民勤沙漠化问题，首先请你结合你所掌握的地理知识，想一想民勤县沙漠化产生的自然原因有哪些。

问题 2：从当地有关部门得知，历史上特别是近几十年来，民勤的气候条件并没有发生较大的变化，为什么原来碧波荡漾的湖水却逐渐变成了满眼黄沙呢？请从当地群众的日常生产、生活方式角度进行分析，并提出一些治理措施。

分组：1、2、3 小组完成第 1 题，4、5、6 小组完成第 2 题。

时间：4 分钟。

2. 猜想与假设

1、2、3 小组对问题 1 的猜想如下：

小组 1：民勤县应该位于我们西北地区，年降水量可能很少，植被稀少。

小组 2：这个县植被稀少，一旦有大风，沙子被吹过来，容易形成沙漠化。

小组 3：全球变暖，可能引起流经的河流水量减少，植被减少。

4、5、6 组的同学对问题 2 的猜想如下：

小组 4：工农业生产对水资源的需求量增加。

小组 5：河流上游用水过多。

小组 6：人们不恰当的生活、生产方式会对沙漠化产生影响。

3. 收集资料，分析论证

学生利用课本、地图册以及课前教师所提供的教学资源收集相关信息，展开小组讨论，积极论证猜想的正确性。

（1）对民勤降水量的分析与探究

小组 1：从中国政区图（图略）和甘肃省政区图（图略）来看，民勤位于甘肃省西北部与蒙古接壤的部位，属于我国西北地区；从降水量和干湿区图（图略）中，我们发现民勤位于年降水量 200mm 以下的干旱区，以荒漠为主，植被不易存活。

师：这个小组提到降水量小，那我国降水量有什么分布规律？为什么民勤附近降水量小？

生：从图上看，距离海洋越远，降水量越小。

师：为什么距离海洋远，降水就少了呢？

生：地形图显示，我国地势为西高东低，呈三级阶梯状分布。来自海洋的夏季风带来丰富的雨水，在东部被太行山、秦岭等山脉阻挡，无法深入内陆。

生：通过观察我国季风分布图（图略），我发现民勤县位于非季风区，由于季风影响不到，所以民勤县降水量小。

师：大家查找有关季风图片，并仔细观察季风示意图，季风真的影响不到吗？

生：不对，夏季风影响不到，但冬季风能影响到。

师：冬季风能影响到，为什么降水量小呢？

生：因为冬季风来自蒙古、西伯利亚等内陆地区，水汽含量小，而且从高纬度吹过来，所以降水少。

师：但我们从降水量图上可以发现祁连山附近的降水量还是比较大的，在400mm以上，为什么到民勤县降水量就小了呢？

生：因为在祁连山，水汽因地形抬升容易遇冷凝结成云致雨。而在民勤，地形没有抬升，所以降水少了。

师：很好，通过图表资料，你们已经证实了民勤地区降水量小的假设是正确的。

（2）民勤县风沙

小组2：既然这个地方降水少，那么肯定多晴朗天气，太阳辐射强，蒸发旺盛；而且我们通过查阅地图发现，当地地表河流比较少，且较短，容易断流，这导致当地水资源短缺，植被稀少，土壤土质也比较疏松，所以一旦有大风，其他地方的沙子就会被吹过来，引发沙漠化。

师：该小组同学从气候对水文、植被的影响入手来分析沙漠化的原因，很好！那我想问问，为什么一有大风，沙子就会被吹起来呢？

生：因为植被稀少，防风固沙能力弱。

师：那如果降水多了，风会不会将沙子吹起来？

生：降水多的话，沙子就会黏在一块，风就吹不起来了。而且老师您的说法不成立，因为降水多，植被也就茂密了，防风固沙的能力就强了，当地也不会都是沙子了。

师：这位同学纠正了我一个错误的假设，看来该地区土地沙漠化的主要原因是降水少。那么我想问问，民勤县经常有大风吗？如果有，大多发生在什么季节？

生：有。该地区受冬季风影响，所以大风多发于冬季。

师：其他季节有没有大风？

生：我觉得春季和秋季也有，因为冬季风不仅仅是冬季才有。

师：很好，那你怎么来确定该地区的风力是大还是小？

生（思考）：……

师：风力的强弱受什么因素影响？

生：水平气压梯度力。

师：那什么季节气压梯度力大？什么季节气压梯度力小呢？

生：夏季的时候，内陆气温比较高，易形成低压，风由海洋吹向陆地，但这里夏季风影响不到，所以风力比较小。而冬季、秋末和春初时，内陆气温低，易形成高压，且民勤离蒙古、西伯利亚比较近，受冬季风影响大，风力强，所以干燥、疏松的土粒容易被吹起，而成沙漠化。

师：答得非常好！

3. 石羊河水量减少的原因探究

小组3：民勤县境内有一条河流——石羊河，石羊河发源于祁连山，河水以祁连山冰川融水补给为主。

据专家介绍，气温升高导致祁连山雪线上升，冰川和积雪面积缩减。冰川局部地区的雪线正以年均2～6.5米的速度上升，有些地区的雪线上升竟达22.5米每年，且预计祁连山的雪线将继续升高，冰川冰面将继续变薄，冰川的萎缩态势也将继续。专家预计，面积在2平方公里左右的小冰川将在2050年前基本消失，较大的冰川也只有部分可以勉强支持到本世纪50年代以后……但近年来祁连山冰川融水已经比上世纪70年代减少了大约10亿立方米。50年来，祁连山水源涵养林锐减，涵养能力持续下降，这导致石羊河流域的地表径流由20世纪50年代的平均每年17.84亿立方米减少到20世纪90年代的每年12.89亿立方米，平均每年减少1000多万立方米，整个流域内地表径流减少了近5亿立方米。

因此，我们也得出了一个结论：近年来全球气候变暖，导致祁连山雪线上升，冰川融水减少，所以石羊河水量减少。水源减少，随之绿洲面积就会减少，这也是沙漠化形成的一个原因。

师：同学们觉得这个小组解释得怎么样？（大部分学生点头，表示有道理）

师（板书并总结、归纳学生答案）：

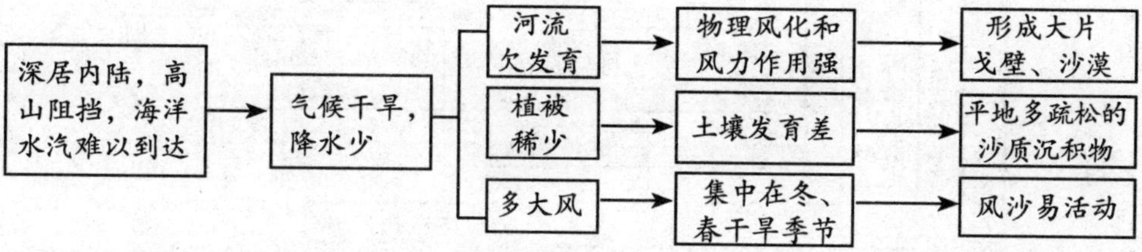

师：以上三组从自然地理环境的位置、气候、水文、土壤、植被等角度分析了沙漠化的原因。从同学们的分析中不难发现，西北地区沙漠化的根源是水，哪里有水，哪里就会有生机。正是水资源短缺导致了当地植被稀少、防风固沙能力弱，再加上土质疏松，所以容易受到风沙侵袭。而水资源短缺是由于其"深居内陆，高山阻挡，海洋水汽难以到达""气候干旱，降水少""全球气候变暖，导致祁连山雪线上升，冰川融水减少"引起的。

师（承转）：但历史上特别是近几十年来，民勤的气候条件变化不大，为什么原来碧波荡漾的湖水却逐渐变成了满眼黄沙呢？沙漠化的速度为什么这么快呢？现在就让我们一起来听听4、5、6组的同学是如何分析的。

（4）导致沙漠化的其他原因探究

小组4：我们觉得人口的增长使得人们对水资源的需求量增加，继而出现人类与植被争水的现象，这将导致植被覆盖率下降，引起土地沙漠化。

所以我们觉得要解决民勤沙漠化的问题，首先要实行计划生育，严格控制人口的增长，或者移民。另外，我们认为沙漠化的核心问题是水资源不足，所以可以通过从外地调水来解决这一问题。

师：同学们认同吗？（大部分同学点头，表示有道理）

小组5：我们觉得民勤的沙漠化不仅仅和该地区有关，从图中还可以看出，上游的武威等城市用水量过大，所以我们觉得要对上游的用水加以控制。

小组6：我们通过查阅资料发现，当地农民为了扩大生产，毁林开荒，过度开采地下水，也使生态环境进一步恶化。另外，过度放牧也会导致沙漠化。所以，我们觉得要解决民勤荒漠化的问题要靠退牧还草、退耕还林。

4. 教师归纳总结

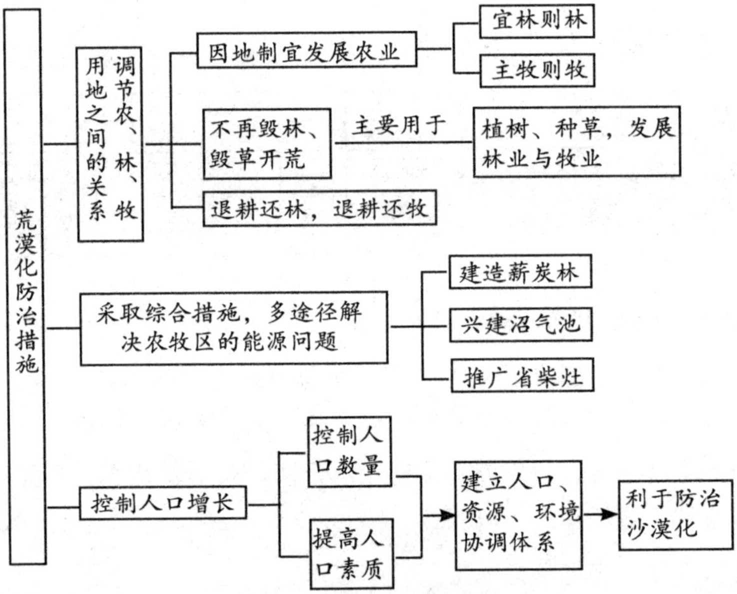

图2　沙漠化防治措施总结图

八、教学反思

本节课是经过几次修改之后的教学案例，该案例侧重于学生的猜想与假设。通过对中国地形图、中国年降水量分布图、中国干湿区分布图、季风区与非季风区分布图、祁连山及民勤周围地形图等图表的仔细观察，学生结合所学知识对民勤的自然地理特征进行了细致的分析，这有助于提高学生的科学思维能力和推理能力。

角色扮演的方式，让学生变成了沙漠化的“治理者”，此举大大激发了学生的想象力，提高了学生分析和解决问题的能力。但是由于生活经验以及课堂教学时间的限制等原因，学生对于退耕还林、退牧还草等措施的实施，民勤群众的粮食问题、能源问题以及出路问题没有进行深入的探究。这是这节课的不足之处。

九、专家点评

这节课，张老师步步深入的提问与细心的引导，不仅激发了学生的求知欲和好奇心，而且能促使他们以科学的态度去认识、解决生活中遇到的问题。因此，此案例有许多值得其他地理教师借鉴的地方。

首先，本节课采用了角色扮演法，让学生成为民勤县沙漠化的"治理者"。这不仅激发了学生的积极性，而且有利于学生根据已有的地理知识进行猜想与假设，并学会分析、论证。学生收集证据、求证探索的过程，其实也是学习的过程，它能让学生学会如何利用地理科学思维去综合分析问题、创造性地解决问题。

其次，从科学探究过程来看，该教学设计环环相扣、步步深入，力求引导学生通过各种活动和深入思考去完善自己的论证，有助于提高学生描述和阐释地理事物的能力。

至于不足之处，我认为在学生认知材料的设计方面，还不够丰富与精细，应使图像材料更具有可读性和可探究性，从而提高学生获取信息、提取有效信息的能力。

总的来说，我觉得这节课对学生获取和解读地理信息、描述和阐释地理事物，特别是对发展学生的猜想与假设、收集证据、分析与论证的科学探究能力起到了很大的促进作用。

（点评人：华东师范大学　夏志芳教授　郭锋涛博士）

后 记

“科学探究”不仅是世界科学教育领域近一百年时间来使用最广泛的词汇，也是我国此次新课程改革最关注的词汇，同时也是我国广大教师最迷惑的词汇。“钱学森之问”引发了国人对创新人才培养的思考，更折射出这个时代对创新人才的渴求。已有的研究表明：科学探究学习是促进创新人才培养的有效途径。那么，如何通过科学探究学习促进创新人才的培养呢？

2009年由科技部立项、教育部基础教育课程教材发展中心承担的重大研究项目“中小学科学探究学习与创新人才培养实验研究”启动，该项目力图探索如何在中小学通过科学探究学习进行中小学生创新精神和实践能力的培养。本书为其子课题“地理学科教学与探究主题开发研究”的研究成果。

在该研究推进的近三年时间里，本课题组进行了深入的调查研究，在与中学地理教师交流的过程中，深深地体会到他们在实施地理科学探究学习中有诸多疑惑和困难，如如何在有限的课时中进行地理科学探究、如何设计地理科学探究主题活动、如何在地理科学探究学习活动中给予学生有效的指导。

在前期调研的基础上，本研究立足地理学科特点，开展了地理科学探究学习的研究与实践。本研究认为当前我国地理科学探究学习活动的设计应从仅关注活动内容、活动形式等外显的因素，走向更多地关注科学探究学习活动的诸要素、关注主题选择与活动类型的适切性、关注探究学习活动中如何培养学生的地理科学探究技能、关注学生的思维参与等隐性的因素。在此基础上，我们将高校地理学科教学论专家与中学一线教师组织起来，采用行动研究法，针对地理科学探究学习活动设计与实施中的问题进行了深入的研究，并在一轮轮的实践中不断反思、修改和完善。本书所呈现的认识篇即是对中学地理教师实施地理科学探究学习深感困惑的问题的解答和说明，实践篇分别按照“地球与地图”“自然地理”“区域地理”等主题甄选的优秀设计案例和实施案例。

本书是集体智慧的结晶，是课题组成员在行动研究的过程中完成的。本书由华东师范大学陈澄教授、夏志芳教授和浙江师范大学张建珍副教授设计结构与体例。各部分的分工情况如下：认识篇由浙江师范大学张建珍副教授撰写；实践篇由高校研究团队及各实验学校教师提供（具体作者已在文中标出），华东师范大学顾绍琴博士、郭锋涛博士、赵翠玲硕士、山东泰山学院旅游与资源环境学院徐健副教授对其进行修改、统稿。另外，上海虹口区地理教研员陈大路博士、哈尔滨学院谷晓红副教授、呼伦贝尔学院白絮飞教授对案例的甄选与完善提出了建议；浙江师范大学汤璎宾、吴麟、王悦、程亿菲、陈许悦、潘艳云、赵学良、蒋连飞、王冲冲、何书君、胡旭玲等同学对书稿进行了校对。

全书由夏志芳、张建珍修改、统稿，陈澄审核定稿。

在本书的撰写过程中，我们采用了许多教师、前辈的成果，未及一一通告，在此一并致谢！感谢教育部基础教育课程教材发展中心领导与老师对本研究的大力支持与指导！

由于水平有限、时间仓促，本书还有不少疏漏和不足之处，敬请国内外同仁批评指正！

编　者